Wilhelm Fick

Zur mittelenglischen Romanze Seege of Troye

1. bis 4. Band

Wilhelm Fick

Zur mittelenglischen Romanze Seege of Troye
1. bis 4. Band

ISBN/EAN: 9783337320287

Hergestellt in Europa, USA, Kanada, Australien, Japan

Cover: Foto ©Thomas Meinert / pixelio.de

Weitere Bücher finden Sie auf **www.hansebooks.com**

Zur mittelenglischen romanze

Seege of Troye

I—IV

Inaugural-dissertation

welche nebst den beigefügten thesen

mit genehmigung der hohen philosophischen facultät der universität Breslau

zur erlangung

der philosophischen doktorwürde

dienstag, den 11. April

mittags 12 uhr

in der aula Leopoldina

öffentlich verteidigen wird

Wilhelm Fick

aus Boston (Amerika)

Opponenten:

Herr **Oskar Lengert**, dr. phil.
Herr **Oskar Preussner**, dr. phil.

Buchdruckerei Maretzke & Märtin, Trebnitz in Schles.

Meiner lieben mutter

I. Handschriftliche überlieferung und ausgaben.

Das me. gedicht Seege oder Batayle of Troye ist uns in drei handschriften erhalten. Die eine (H), Seege of Troye[1]) überschrieben, ist in cod. Harl. 525 überliefert; die zweite, Batayle of Troye genannt, liegt in Lincoln's Inn Library ms. no. 150 (L) vor. Eine ausführliche beschreibung dieser beiden hss. hat A. Zietsch gegeben in seiner abhandlung: Ueber quelle und sprache des me. gedichtes Seege oder Batayle of Troye. Kassel 1883 (Gött. diss.); dort finden sich auch anderweitige erwähnungen des gedichtes bemerkt. Hinzuzufügen ist die beschreibung von H in: Catalogue of Romances in the Dept. of Mss. in the British Museum by H. L. D. Ward. Vol. I. London 1883, p. 84 ff. Daselbst sind abgedruckt vv. 1—26, 34—36, 1017—22, 1289—92, 1914—schluss. Ueber H ist ferner zu vergleichen E. T. Granz: Ueber die quellengemeinschaft des me. gedichtes Seege oder Batayle of Troye und des mhd. gedichtes vom trojanischen kriege des Konrad von Würzburg (Leipz. diss.). Reudnitz-Leipzig 1888, p. 1 und p. 5. Die dritte hs. ist im besitze des Duke of Sutherland; eine beschreibung derselben hat prof. Kölbing in seinen Engl. stud. VII, p. 191 ff. gegeben.

---

[1]) Der kürze halber wollen wir das gedicht nach dem vorgange Greifs „Seege of Troye" nennen.

Wir haben vorläufig keine sicheren anhaltspunkte, um die abfassungszeit der einzelnen hss. endgültig festzustellen; Skeat setzt cod. L um 1450 an; S ist nach Kölbing's ansicht am anfange des 15 J. geschrieben. (cf. Zietsch a. a. o. p. 2 f. und Engl. stud. VII, p. 194.)

Herausgegeben wurde das gedicht von Zietsch in Herrig's Archiv, band 72, p. 12 ff., und zwar so, dass H und L nebeneinander abgedruckt sind. H umfasst 1892 verse, L 1988 verse, während die bis jetzt noch ungedruckte hs. S 1828 verse enthält. Herr professor Kölbing hat die güte gehabt, in meinem interesse bei seinem letzten aufenthalte in London Zietsch's ausgabe mit den hss. zu vergleichen. Das resultat dieser collation, das ich mit seiner erlaubnis hier folgen lasse, ist ein überraschend ergiebiges.

Harl. MS. 525.

3 Many] Manye. 4 among] amonges. 11 Agayn] A geyn. 16 grew} w *unsicher*. 24 on] ou*er*. 27 Jason] Jasoun. 28 Faire] ffayre. 33 seyde] seyd. 35 loueth] loveth. 40 yold] I yold. 41 seyde] seyd. 43 wolle] woll. 44 nooune] noone. 48 euerichone] eu*eri* chon. 59 come] co*mm*e. 66 his] hys. 67 comandeth] comondeth. 68 agayn] ageyn. 75 þe] the. 76 wordes] wordis. 83 gune] gu*n*ne. 96 Nestor] Nector. 98 stoughthly] stoughtly. 99 þe] the. 105 Uppon] Vppon. 107 selfe] self. 110 vittayl] vitayl. 115 welle] well. 120 afferd] aferd. 122 icomyn] jcomyn. 124 will] wull. 129 a] and. 134 mony] many. 140 him] hym. 144 Fille] Fill. 145 Jason] Jasou*n*. 151 And] A. 161 thorowe] Thorowe. 163 alle] all. 166 felows] felous. 167 cyte] Cyte. 178 al] all. 180 To] Too. 181 ou(er)] ou*er*. 183 slew] slen *oder* sleu. 192 childryn] chyldryn. 195 sum] su*mm*e. 206 curteys] cursteys. 207 prince] prynce. 210 modir] moder. 215 euery] eu*eri*. 224 shuld] shulld. 231 gret] grete. 237 alle] all. 244 hastely] hastily. entered] entred. 250 town] Town. 254 þere] þere þere(!). 266 joye] joy. 273 treson] tresou*n*. 279 eldest] elddest. 292 þis] this. 293 Alle] All. 302 barouns] Barouns. 303 oure] our. 306 Raunsom] Ravn-

som. 307 þy] þey. right] ryght. 308 Ysyon] Isyon. 310 no] ne.
317 Night] Nyght. ryȝt] ryt. 320 al] all. 322 Nestor]
Nector. 328 gylteles] gyltles. 335 ffy] ffye. 340 anoder]
anodir. 343 you] þou. 350 well sone] will sene. 352 car-
penters] Carpenters. 353 tymber] tymbir. heuwe] hewe.
354 did] ded. 356 ost] Ost. 366 host] nost. 369 with] wyth.
371 werrer] werrour. 381 shalte] shalt. 384 broder] Broder.
392 comen] comon. 393 sir] sr(!). 405 begreue] be graue.
417 Mahomid] Mahound. nay] noy. 431 wilt] will. 436
shalt] shall. wilt] will. lyve] *unleserlich*. 441 sayd] seyd.
442 Mahomed] Mahound. 445 Ther fore] Therefore. 456
fayrenesse] fayrnesse. 458 þanne] thanne. 459 Ther fore]
Therefore. graunt] grauntt. 460 begreve] be graue. 465
anon] anone. 466 will] wilt. 467 no] ne. 483 stoutelyche]
stowtelyche. 490 longe] long. 496 Comen] Comon. 506
Octaman] Octauian. 507 hedir] hedur. 511 þer] þar. 522
Sooiornede] Sooiorneyd. 530 David] Dauid. 552 sklaunder]
slkaunder (!). 547 Olympias] Olimpias. 549 Ouer] Ouere.
551 wiþ] with. 552 god] good. 556 Parys] Paryse. 566
Alisaunder] Alisaunde(!). 580 knyght] knyht. 584 point]
poynt. 586 strength] strenght. 588 echon] Echon. 592
Monelay] Monely. 598 To] Too. cite] Cite. 599 faste] fast.
603 god] good. 607 folk] folke. 615 takes] taketh. 619
mony] many. counteyes] Counteys. 622 þat] the. 624
His] Hys. 628 þeo] þe. 629 Menolay] Monalay. 632 maydens]
Maydens. 633 smalle] small. 652 euery] eueri. 653 riche]
ryche. 658 Dame] dame. 668 lovesumes] lovesumnes. 670
erles] Erles. 676 Duke] duke. 687 Menolay] Monelay.
702 ded] did. dyght] dight. 703 a] and(!). 710 fifty] fyfty.
718 Parpachy] Parpathy(?) 719 hem] him. 722 brought]
brougth. 723 Hectour] Nectour. 736 gode] goode. 739
Sir] Sirr. 741 god] good. 742 vytailes] vytayles. 752
batayle] bataylle. 754 Troye] Troy. 758 Wit(h)] with.
XX] *add.* ti *ü. d. z.* 761 Lordyngs] Lordynges. 768 byhold]
hym hold. 769 Eluxes] Eluxies. 781 ymage] jmage. 783
For] ffor. er] or. 790 isayde] iseyde. 797 comaundeth]

comoundeth. 800 governour] gouernour. kyngs] kyng*es*.
807 echon] Echon. 811 god] good. 812 slene] sle*n*ne. alle]
all. 828 Thy] They. 832 cast] kast. 844 on] onto. 847
crurelle] qurell(!). 855 cete] Cete. 859 god] good. 862 þey]
They. 886 drewes] dreves. 889 Alysaunder] Alisaunder.
897 thy] they. 908 with] wyth. 914 priketh] preketh. 916
is] it. 920 helmes] s *später nachgetragen.* 923 no] non.
927 What] Was. 936 of] fro. 943 smot] smote. 954
And] A. er] or. 955 brodir] broder. 960 gret] grete. 982
they] They. 983 both] bothe. 993 ye] yf. 1012 shall]
slall(!). 1015 dwelle] dwell. 1017 mon] man. 1020 wo-
mon] women. 1021 Dame] dame. 1029 soles] Soles.
1034 þe] the. 1042 suster] Suster. 1045 Dyademedes]
Dyademades. 1048 Gentill] Jentill. 1055 sekerly] Sekerly.
1056 Parpachi] Parparchi. 1059 For] ffor. 1066 nobely]
nobeley. 1067 cranys] Cranys. 1069 corlues] Corlues. 1087
gryme] gry*m*me. 1092 euerichon] eueri chone. 1093 both]
bothe. ryng] rynges. 1094 þyng] þynges. 1099 if] yf.
1107 ryng(is)] rynges. 1114 hy] hy*m*. 1122 If] Yf. 1124 preue]
preve. 1127 Sir] Syr. 1130 a fure] asure. 1134 Troye]
Troy. 1140 Troye] Troy. 1141 knyȝt] knyght. 1147 Fore]
ffor. 1148 maysters] maystres. alle] all. 1150 wol] wul.
1157 þe] the. 1162 lovede] loved. 1168 dolful] dolfull.
1169 therfore] thefore(!). 1178 bataylle] batayll. 1188 mony]
many. 1192 lyf] lif. 1203 him] hym. length] lenght. 1206
mon] man. 1207 A] And. 1212 away] awey. 1216 Swiche]
Swyche. 1225 And] A(!). 1232 er] or. 1234 Never] Neþer.
1235 sauncs] sauncȝ. 1245 Achilles] Achille. 1248 shon]
scon(?). 1252 gambyson] gambysan. 1253 also] alsoo. 1254
well] wel. 1258 cercle] Cercle. 1268 to] too. 1278 afure]
asure. 1282 Cassedowns] Cassedowu*n*s. 1285 Ector] Ectour.
1286 of] af. 1287 atyr] atyre. 1291 smote] snnote(!). 1296
towene] town. 1302 Twelf month] Twelmonth. 1304 eueri]
eue*r*y. 1315 Priamus] Pryamus. 1317 god] good. 1343 ryght]
aryght. 1344 redy] rody. 1364 tolde] told. 1365 sayde]
seyde. 1371 And] A. 1383 mesanger] messanger. 1385 both]

9

bothe. 1388 Monaley] Monaly. 1396 Answerde] Answered.
1398 loue] love. 1404 sore] soore. 1407 Tylle] Tyll. 1421
Monelay] Monely. 1429 barouns] barons. 1430 on rydde]
onrydde. 1442 meny] in euery. 1443 helme] helnne(!). 1444
also] alto. 1445 hawberke] haweberke. 1451 Troyelle] Troyell.
1458 shyppes] shyppis. 1459 schull] shull. 1464 curteysly]
Curteysly. 1466 Hauve] Houwe. 1470 þou] þow. 1472
lyon] lyoun. 1481 so] soo. 1495 Charbuncles] Charbumucles(!).
1499 And] A. richer] rycher. hellm] bellme. 1503 And]
He. 1514 aweke] awreke. 1520 Achelles] Acheles. 1526
strokes] strokis. 1532 eorþe] erþe. 1538 To] Too. walle]
wall. 1547 Ailsaunder] Alisaunder. 1565 wystet] mystet.
1573 therfore] therfor. 1597 will] wilt. 1604 For] ffor.
1607 And] A. 1624 proue] prove. 1631 heom] hem. 1648
ganne] gann. 1649 hundred] hundrid. 1651 moste] most.
1654 werroure] werreur. 1658 comaunded] comounded. 1659
without as] with outas(!). 1660 shulde] shuld. 1664 had] bad.
1669 werld] world. 1672 god] goo(!). 1675 all] al. 1679
shall] shull. 1680 his] is. 1687 loud] lord. 1693 And] A.
1699 feldys] feldis. 1712 lord] lorde. 1715 tak] take.
1717 mad] made. 1723 herte] hert. 1731 squiers] Squiers.
1736 syde] side. 1740 diede] died. dyght] dight. 1744
reste] refte. 1749 slewe] slene oder sleue(?). 1752 at]
at a. 1754 myghte] myght. go] goo. 1760 withinne] with
innen. 1761 Lordyngs] Lorddyngs. 1763 brodir] broder. 1764
enemys] enmys. 1774 oure] our. 1775 Entemore] Entmore.
1779 that] þat. 1780 sume] summe. 1788 nyght] myght.
1792 sir] Sir. 1795 lyves] lives. 1802 er] or. 1803 trowthe]
trowth. 1804 For] ffor. 1806 alle] all. þyng] thyng. 1808
There] Ther. 1809 here] her. 1814 þe] the. 1816 Wechyn]
Wachyn. 1820 consentyn] consenttyn. 1836 sirre] Sirre.
1844 Welle] Wille. 1853 cete] Cete. 1856 þat] that.
1858 cradel] cradell. 1860 crepullis] Crepullis. 1863 fyve]
five. 1868 toure] towre. 1881 For] ffor. 1884 the] þe.
1889 takith] taketh. Dame] dame. 1895 cryede] cryed.
1910 scheppis] sheppis. 1915 fleth] sleth. 1920 owes] ours.

Lincoln's Inn MS. 150.

1 worlde] world. 2 all] al. 7 soche] such. 14 Dares] Daries. 17 seochen] seothen. 20 clerke] clerk. englysh] englysch. 21 Lordyngis] Lordynges. 24 hym] him. 25 prince] prynce. Pelpensoun] Polpensoun. 26 neuew] neuow. 30 loved boþe] lovode. yong] ʒong. 31 The] þeo. 32 toke] tolde. 33 vndirstonde] vndurstonde. 34 haþe] haþ. 36 shepis] schepis. 40 trauayle] trauaile. qweyte] qwyte. 41 sayde] saide. 46 skynne] skyn. 48 sent] sente. 49 shulde] schulde. 52 Above] Aboue. 55 all] al. wrowʒt] wrouʒt. 56 browʒt] brouʒt. 58 vitayl] vitayle. 59 priuendre] prouendre. 68 saileden] seileden. 69 þe] þeo. se] see. dryves] dryues. 76 some] somme. 82 sholde] scholde. 83 Jason] Jasoun. 87 beo so] beo. 93 baronus] barouns. come] conne. 98 shend] schende. 106 Talamon] Thalamon. 112 wollen] wolen. god] good. 117 They] þey. 123 god] good. 129 wolde] woldo(!). 135 With] Wiþ. 143 albaster] alblast*er*. 144 comandement] comau*n*dement. 147 þe] þeo. town] toun. 151 many] mony. crown] croun. 152 many] mony. adown] adoun. 166 womon] wo*m*mon. pyte] pite. 167 dowʒtir] douʒt*ir*. 180 wakene dal] wakened al. 182 to go] go. 220 frendis] freondis. 226 Troylle] Troyle. Paris] Parys. 234 alle] al. 238 sinefye] signefye. 240 chyld] child. 246 eyʒte] eyʒe. 251 dremynge] dremyng. 255 cloþus] cloþis. 267 bore] bor. 284 deth] deþ. 289 wonder] wondur. 293 seouen] seoþen. 296 þeo] þe. god] good. 300 wonne] wo*n*me (!). 318 qwene] quene. 320 prince] prynce. 322 wys] wis. 327 plenor] plener. 329 First] Furst. 331 Yo] Ye. 336 newe] neowe. 339 Better] Beter. 346 town] toun. 347 aʒayn] agayn. 353 heom all] heom. 354 Antynor] Antynos (!). 361 þe] þeo. mesanger] messanger. 366 mesanger] messanger. 369 þynge] þyng. 373 certainly] certeynly. 375 gone] gon. 381 said] saide. 383 abyde] byde. 385 dude] dude vs. 387 mesanger] messanger. 391 was] nas. 397 so] þo. 398 ote] oth. 409 provandre] prouandre. 418 travaile] trauaile. 425 werrer] werrier. 427 host] ost. 428 fong on] fongon. 431 þe] þeo. 433 self] seolf. 436 folke] folk. 438 send] sende. 439 be]

beo. 442 ȝowe] ȝoure. 445 much] muche. 451 þow] þou.
453 seyde] saide. 457 wente] wende. 459 honte] hortte (?).
463 fer] ser. 490 boke] bok. 493 uptoke] up tok. 494 he]
heo. 507 ȝou] ȝon. knyȝe] knyȝt. 513 wymen] wymmen.
gon] gan. 517 þeo] þe. 523 ȝefte] ȝefþe. 528 and] or.
544 squyer] sqwyer. 549 þe] þeo. 559 spak] spap(!). þe]
þeo. 563, 567 wymen] wymmen. 599 Eche] Vche. 601 newe]
noble. 602 hadden] haden. god] good. wynde] wynd.
604 aryveþ] aryueþ. 605 folke] folk. 617 Vsion] Vsian.
629 fayrer] fairer. 634 tydyng] tidyng. 638 wherfore] wer-
fore. 640 Spake] Spak. god] good. 645 That] þat. streyngþe]
streynþe. 650 eiȝnen] eyȝnen. 655 Blyþe] Bliþe. 657 Qwene]
qwene. 658 knyȝtis and] knyȝtis. 668 þowȝte] þouȝte. 669
fairer] fayrer. 673 sawȝ] sauȝ. 675 here] hire. 679 bygyn-
neth] begynneþ. 680 hyd] byd. arm] arme. euerychon
euerichon. 683 furst] furst he. 690 blowynge] blowyng.
697 te] to. 704, 707 þe] þeo. 711 knyȝtes] knyȝtis. 717 toke]
tok. 718 before] byfore. 719 Qwene] qwene. 722 þe] þeo.
726 ilke] ilk. 728 A] And. 730 ffadir] fadir. welcomede]
welcomode. 731 sonne] sone. 732 ffadir] ffader. and fyn]
afyn. 733 have] haue. in] in alle. 741 so] þo. 742 well]
wel. 745 sayde] saide. 751 lovode] louode. 754 simple]
symple. countasse] contasse. 760 skymes] skynnes. 772 ba-
tayle] bataile. 780 sorowe] sorwe. 783 called] callid. 784
duyke] duyk. 785 Dares] Daries. 787 Dares] sir Daries.
788 conforteden] comforteden. 790 vche] vch. 793 before]
byfore. 797 duyke eorl] duyk Eorl. 806 myȝt] myȝte. 811
shipes] schipes. 814 god] good. 815 Some] Somme. 816 pal-
freyes] palfrayes. 821 wyterly] witerly. 822 I] L. 824 over]
ouer. 825 Dares] Daries. 829 semlant] semblant. 830 A]
And. 836 hym] him. 839 Nestour] Nestor. 841 And] A.
848 all] al. 850 shippes] schipes. 852 schippes] schipes.
854 forþy] forþ. with] wiþ. 860, 866 fourty] ffourty. 861 god]
good. 888 Stronge] Brouȝte. 889 god] good. 895 Ulex]
vlyex. 900 shipes] schipes. 903 Nir] Sir. 932 I] L. 939
shal] schal. 940 þar] þer. 941 the] þe. 942 Ful] fful.

945 trasour] tresour. 947 owte] oute. 949 Dares] Daries. 952 þo] bo. 954 wol] wole. 957 hym] him. 963 Dares] Daries. 967 ynouʒ] ynowʒ. 968 tidyns] tidyng. louʒ] lowʒ. 970 then] þen. 975 schall] schal. 979 Agamon] Agaman. 981 hundred] hundrod. I] L. 988 Qwene] qwene. 994 Suffrede] Suffreode. 998 shene] schene. 1004 Troy] Troye. 1010 syde] side. 1015 tornel] cornel. 1017 wyþyune] wiþ ynne. 1019 aboute] abowte. 1026 wiþoute] wiþ owte. 1030 batayle] bataile. 1036 Alysaunder] Alisaunder. 1039 knyþes] kuyþes. 1042 þe] þeo. felde] feld. 1043 sekir] sikir. 1046 adown] adoun. 1050 so] no. 1053 sweorde] sweord. 1058 Treowenes] treowenes. 1065 þe] þeo. 1068 sheld] scheld. 1070 again] agayn. 1071 duyke] duyk. 1077 Al] Alle. 1086 þorouʒ] þoruʒ. 1087 blode] blod. 1092 down] doun. 1093 sauʒ] sawʒ. 1095 Traytoure] Traytour. so bryʒt] bryʒt. 1098 Ful] fful. 1099 wold] wolde. winne] wynne. 1104 For] ffor. 1121 time] tyme. 1125 Sir] sir. 1129 eorles] eorlles. 1131 ye] ʒe. 1152 ʒou] ʒow. 1155 fader] fadir. 1158 woman] womman. 1163 verrement] verrament. 1169 seþen] sethen. 1174 For] ffor. 1175 So] To. 1177 waves] wawes. 1192 they] þey. 1207 wiþout] wiþoute. 1209 al] alle. 1211 grete] gret. 1213 stouʒte] stoute. 1216 womon] wommon. 1219 So] To. 1224 forsoke] forsok. 1233 sheld] scheld. 1237 hym] him. 1245 Forþy] ffor þy. 1248 god] good. 1252 a fure] asure. 1262 Wilcomede] Welcomede. 1265 For] ffor. 1269 þere] þer. 1273 Mahom] Mahoun. 1284 moder] modir. 1299 Parys] Paris. 1302 lovode] louode. here] hire. 1318 batail] bataile. 1321 Fourty] ffourty out] oute. 1322 vittaile] putayle. 1323 fayle] faile. 1330 nouʒte] nouʒt. 1338 þrydde] þridde. 1346 Monted] honted. 1348 þis] þus. 1350 fayle] faile. 1352 toure] tour. 1353 How sir Priamus] How. fader] fadir. 1356 ryde] ride. 1358 woman] womman. 1365 agayn] aʒayn. 1367 þrytty] þritty. 1369 þere] þer. 1375 agayn] aʒayn. 1391 stunde] stunte. 1399 Forþir] fforþir. 1405 god] good. 1410 got] god. 1423 com] come. 1427 sauʒ] sawʒ. helme] helm. 1432 þe] þeo. 1438

Achylles] Achilles. 1451 purueyden] purueyeden. 1454 champion] Champion. 1460 þeo] þe. Cite] cite. 1464 sees] seees(!). 1466 buryes] burynes *oder* buryues. 1467 dowʒter] douʒter. Dame] dame. 1469 bymende] by mende. 1475 at wo] atwo. 1482, 1483 woman] womman. 1485 Many] Mony. 1486 dougter] douʒter. 1489 douʒter] douʒtir. 1492 For] ffor. 1497 ʒyue] gyue. 1502 sir] sire. 1509 dowʒtir] douʒtir. 1514 Menalay] Menolay. 1517 þey] Til þey. 1528 Troyele] Troyle. 1534 lorde] lordes. 1538 away] awey. 1540 þeo] þe. 1541 atyre] atyr. 1542 schippes] schipes. fuyre] fuyr. 1546 þow] þou. 1551 Forþy] ffor þy. 1554 Troye] Troyle. 1555 rouʒt] rauʒt. 1565 þrydde] þridde. 1568 sauʒ] sawʒ. 1581 baylyfs] bailyfs. 1585 Troye] Troyle. 1591 come] com. 1593 On] And on. rede] red. 1608 or] and. 1611 Alisaunder] Alisaundir. dowu] doun. 1626 syre] sire. 1632 here] hire. 1643 yeld] ʒeld. 1662 sweorde] sweord. 1679 al] alisaunder. 1685 down] doun. 1690 þe] þeo. 1692 Wiþoute] Without. 1697 And þus] þus. 1708 scholde] schole. lyves] lyues. 1715 wende] wente. 1718 þryty] þrytty. 1719 oute] owte. 1721 in] in þe. 1728 renown] renoun. 1739 sheld] scheld. 1751 Down] Doun. 1767 full] ful. siker] sikir. 1772 schul] schule. 1777 for] fer. 1784 ynouʒh] ynowʒh. 1790 wold] wolde. 1792 dowte] doute. oure] owre. 1796 ʒoure] oure. with out] out. 1800 þat al] þat ʒe schal. 1802 treitour] traitour. 1809 ʒef] And ʒef. 1813 hem] him. 1816 to] so. 1820 postern] postorne. 1822 furst] furst at. 1827 For] ffor. 1829, 1830 oure] owre. 1830 wyfes] wynes. 1834 youre] ʒowre. 1836 makeþ] makiþ. 1837 ʒoure] ʒowre. 1838 leten] lete. 1839 trewe] treowe. 1840 save] saue. 1842 hald] halde. 1843 traitoures] traytoures. plyʒte] plyʒten. 1848 town] toun. 1852 wiþoute] wiþ owte. 1854 batayle] bataile. 1868 Prince] Prynce. 1873 host] ost. 1875 þe] þeo. 1876 down] doun. 1881 clenly] clanly. 1882 þow] þou. 1883 shal] schal. 1897 moder] modir. fader] fadir. 1898 in] in þe. 1900 wymen] wymmen. 1901 ffyve] ffyue. 1902 þat] þe. 1909

Alas] alas. 1911 Hadde] Hade. 1913 Trouþe] Trowþe.
1915 down] doun. 1917 Alisaunder] Alisaundir. 1929 toure]
tour. fast] faste. 1930 alblaste] alblastre. 1931 assayles]
asayles. 1934 in] yn. 1942 sheue] schene. 1953 lorde] lord.
1957 dwelle] dwelled. 1974 ryche] riche. 1975 þe koctus]
pekocc*us*. bittar] biccar. 1976 har] bar. 1977 pyment]
pyment of.

Die wortabteilung, sowie die wiedergabe des schwunges
an r (= *e*), rasuren und dergl. habe ich auf meiner liste un-
berücksichtigt gelassen, dagegen habe ich die öfters falsche
zeilenzählung bei Zietsch durchweg richtig gestellt.

Diese geradezu verblüffende ungenauigkeit von Zietsch's
textabdrücken sowie der umstand, dass dieser die hs. S,
von welcher prof. Kölbing die güte hatte, mir seine abschrift
zur verfügung zu stellen, nicht mit verwerten konnte, haben
mich veranlasst, mich mit dieser dichtung eingehender zu
beschäftigen. Was ich auf den nächsten seiten gebe, be-
deutet nur eine kleine vorarbeit zu einer neuen ausgabe des
gedichtes, die ich an anderem orte vorzulegen gedenke.

II. Handschriftenverhältnis.

Das verhältnis der hss. H und L zu einander fasste
Zietsch a. a. o. p. 4 f. folgendermassen auf: „Unmöglich können
wir annehmen, dass die eine hs. der andern als vorlage ge-
dient habe. Die grosse anzahl der abweichenden reime würde
der beste beweis gegen eine solche annahme sein. Beide
gehen wohl auf ein gemeinsames original zurück, und die
abweichungen lassen sich nur so erklären, dass der schreiber
der einen hs. (wahrscheinlich ist es der von L, cf. Skeat,
The Vision of William concerning Piers Plowman etc. Early
English Text Society. London 1867, Pref. p. XXII) ände-

rungen und zusätze machte, während der schreiber der andern seinem originale getreuer folgte. Oder wir müssen für beide je eine vorlage annehmen." Es werden dann kurz die hauptabweichungen angegeben. „Im ganzen ist die zahl der in beiden hss. völlig übereinstimmenden verse eine ziemlich geringe; an wiederholungen ist L reicher als H."

Die inhaltlichen unterschiede sind zum teil so weitgehend, dass zu ihrer erklärung die benutzung verschiedener quellen angenommen worden ist. Ich habe zu diesen darlegungen folgendes hinzuzufügen.

I. Da die hs. S, welche Zietsch nicht kannte, mit L sowohl inhaltlich als auch in den reimen in der regel gegen H stimmt, so zerfallen unsere hss. in zwei classen. Die eine classe wird durch H, die andere durch L S repräsentiert. Zum beweise für diese thatsache genügt die anführung folgender punkte.

L S stimmen zusammen gegen H:

1. Der zweikampf zwischen Jason und Lymadown (H v. 140 ff.) wird von L S gänzlich übergangen.

2. Der gesandte der Trojaner, welcher die rückgabe der Hesiona von den Griechen fordern soll, ist nach L S Sir Antenor, nach H Sir Ectour.

3. In bezug auf den streit der göttinnen um den goldenen apfel und das urteil des Paris ist die darstellung in L S von der von H vollkommen abweichend; für die ausführliche darstellung der einzelnen punkte verweise ich vorläufig auf Granz a. a. o. p. 69 ff., Greif a. a. o. § 170,[1]) Zietsch a. a. o. p. 10 f., indem ich mir eine eingehende erörterung derselben für die quellenuntersuchung aufspare.

4. Als Paris nach Griechenland kommt, um Helena zu entführen, giebt er sich für einen kaufmann aus, H v. 505 bis 512. Hiervon steht nichts in L S.

---

[1]) W. Greif, Die mittelalterlichen bearbeitungen der Trojanersage u. s. w. (Bd. LXI von Stengels Ausgaben und abhandlungen. Marburg 1886).

5. H v. 915—935 enthält eine längere beschreibung des zweikampfes zwischen Ector und Portuflay; letzterer wird getötet. L S erwähnen an dieser stelle einen Sir Prestolay, welcher von Hector aus dem sattel geworfen wird.

6. L v. 1171—1182 und S v. 1151—1162 geben einzelheiten über die erziehung des Achilles, welche von H nicht erwähnt werden.

7. In beziehung auf den kampf zwischen Hector und Achilles und Hectors tod, sind mehrfache unterschiede zwischen beiden hss.-gruppen zu erwähnen:

a) L und S sind viel ausführlicher wie H; wiederholungen kommen vor, z. b. da, wo Hector zum zweiten male ein viertel seines schildes weggeschlagen wird (L v. 1385 f., S v. 1363 f.); andere wörtliche wiederholungen begegnen L v. 1374 f. und v. 1378 f.; S v. 1347 f. und v. 1355 f.

b) Ein in H anstössiger widerspruch ist in den beiden anderen hss. vermieden. Obwohl es nämlich in H heisst, dass Achilles nur „in the soles of his fete" verwundbar ist, während die anderen körperteile mit einer haut bedeckt sind, welche so hart ist „as ony baleyn to hewen vppon", so wird doch dem helden von Hector der schenkel fast durchgehauen (H v. 1254). Dies geschieht in L S nicht, vielmehr betonen diese beiden hss. die unverwundbarkeit des Achilles besonders, indem sie wiederholt auf dieselbe hinweisen: L v. 1291, v. 1399 f., S v. 1275 f., v. 1376 f.

c) In H v. 1261 f. wird Hektor ein neuer schild gebracht, nachdem der erste zerschlagen worden ist; in L S wird dies nicht erzählt.

d) Nur in H v. 1267 ff. wird der kampf durch die nacht unterbrochen.

e) In H schlägt Hector einem Sir Annys den kopf ab (v. 1275 ff.) und ist im begriff, dessen kostbaren helm aufzuheben, als er den todesstoss empfängt. Nach L und S stirbt Hector unter denselben umständen, aber der kampf mit Sir Annys ist diesen hss. nicht bekannt.

8) Vor dem kampfe des Achilles mit Troilus findet nach

H v. 1508 ff. ein wortwechsel zwischen beiden helden statt, welcher von L und S übergangen wird. Nach H v. 1528 wird Troilus durch einen stoss ins herz getötet; nach L S wird ihm der kopf abgeschlagen.

9) Nach H wird Achilles durch verrat in einen tempel gelockt, kniet nieder und empfängt in dieser stellung die tötliche wunde an den sohlen der füsse, der einzigen verwundbaren stelle. Im widerspruch dazu heisst es aber weiter unten v. 1630: „In sexe stedes þey yaf him a wounde." Nach L S wird Achilles nicht gleich bei seiner ankunft an den füssen verwundet, sondern erst, nachdem er vom kampfe ermüdet, überwältigt und zu boden geworfen worden ist. In L S lautet der obige vers gewiss richtig, L v. 1657: „In mony steodis he ȝaf heom wounde" (cf. S v. 1633.).

II. Wir müssen weiter für L S eine gemeinsame vorlage (y) annehmen, denn 1) kann L nicht eine abschrift von S sein; L bietet verse, die mit H übereinstimmen, wo S lücken zeigt; z. b. fehlen in S, L vv. 27—31. Nach S v. 646 sind vv. 627 f. aus L zu ergänzen; ebenso fehlen nach S v. 1578 einige zeilen, welche in H und L erhalten sind und nicht entbehrt werden können.

Ebensowenig kann aber 2) S als eine abschrift von L angesehen werden, da S mit H verse gemeinsam hat, welche in L fehlen; hierher gehören: S vv. 599—602 = H vv. 473—476. S vv. 605—608 = H vv. 477—480, S v. 1191 f. = H v. 1079 f., H vv. 1897—1900 = S vv. 1915—1918.

III. 1) Mit der so statuirten hs. y kann H schon darum nicht identisch sein, weil die gemeinsamen abweichungen von H in L S bereits in der vorlage von L S (y) vorhanden gewesen sein müssen. 2) Da anderseits H unzweifelhaft echte plusverse aufweist, so kann H nicht eine abschrift von y, noch kann 3) das umgekehrte der fall sein. 4) H kann nicht der archetypus sein, da diese hs. lücken zeigt, welche von L S richtig ausgefüllt sind; man vergleiche den kurzen schiffskatalog in H im verhältnis zu L S. H v. 705 ff. = L v. 819 ff.; S

v. 825 ff.; ferner fehlt ein vers nach H 1627, vgl. L v. 1649 f. = S. v. 1625 f.

IV. Aus demselben grunde kann auch y nicht die ur-handschrift sein. Es gehen also beide redaktionen auf eine gemeinsame vorlage zurück.

Das handschriftenverhältnis unseres gedichtes lässt sich demnach durch folgendes schema veranschaulichen:

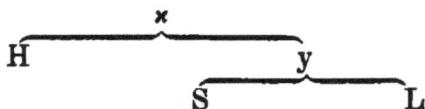

III. Dialekt.

Ueber den dialekt der Seege of Troye hat Zietsch in seiner schrift p. 18 ff. gehandelt. Das resultat seiner unter-suchung ist folgendes:

„Aus der flexion der verba ergiebt sich die annahme, dass unser gedicht nur in einer gegend des südens entstanden sein kann; denn entscheidende reime weisen der 3. pers. sing. präs. ind. und dem ganzen pl. die endung -eth zu, die 2. pers. sing. präs. ind. hat -est, und das part. präs. -yng, auch die erhaltung des y im part. prät. ist ein beweis für unsere annahme. Was den vokalismus anbetrifft, so können uns die nur in L erhaltenen â-reime nicht veranlassen, einen anderen dialekt als den südlichen anzunehmen; eine beträcht-liche anzahl von reimen beweist ja auch für beide hss. das über-gehen von ae. â zu ôô. Auch das verhalten des ae. ä vor n und n + cons., das hier zu o geworden ist, dürfte für den süden sprechen. Ein entscheidender reim für den i-umlaut des ae. u ist für beide hss. nicht gesichert, bald ist y, bald u belegt. Auch sonst findet sich manche nördliche form, die ihren ursprung wohl einem schreiber verdankt, neben der südlichen.“

Weiter führt Karl Bülbring in seiner schrift: Geschichte des ablauts der starken zeitwörter innerhalb des Südenglischen (Quellen und forschungen, Heft 63, Strassburg 1889) unser gedicht unter den südengl. denkmälern auf. Er bemerkt darüber folgendes (p. 34): "Handschr. H zeigt den südlichen dialekt reiner und ist hier zunächst berücksichtigt. Zietsch (diss. von Gött. 1883) vermag als heimat des gedichtes nur allgemein den süden anzugeben. Mir scheint es wegen folgender reime und formen in die heimat Chestre's zu gehören, nach Kent oder eine unmittelbar angrenzende landschaft.“

Endlich erwähnt unser gedicht noch Brandl in dem abschnitte über me. litteratur in Paul's Grundriss der germ. phil. Band II s. 658, § 70. Die Seege wird in die periode von 1350—1400 gesetzt. Es heisst a. a. o.: „Auf dem gebiete des höfischen epos finden wir im südlicheren England — genauere dialekt-vermutungen werden hier fortan misslich — einen kurzen Arthur (E. E. T. S. 2), eine Belagerung von Troja (Arch. LXXII, p. 11 vgl. Zietsch, 1883, Granz, 1888), eine Belagerung von Jerusalem (ms. Addit. 10.036 vgl. Kopka, 1888), alle noch in kurzen reimparen, doch ohne künstlerisches aufstreben.“

Wenn im folgenden der dialekt von L und H nochmals erörtert wird, so geschieht dies zunächst, um einen vergleich mit der dritten hs. S zu ermöglichen. Ferner aber erschwert die fülle von material, welche Zietsch unter lautlehre und flexion bietet, sowie die thatsache, dass die beweisenden reime von den nicht beweisenden nicht streng genug getrennt werden, den einblick in die wirklichen dialektverhältnisse. Denn ich möchte ausdrücklich betonen, dass es mir hier nicht sowohl auf den dialekt des schreibers ankommt, wie auf die sprache der redaktion des gedichtes, welche durch ihn in der betreffenden hs. fixirt worden ist. Ueberdies dürfte das resultat der folgenden untersuchung, welches in bezug auf L

2*

mit dem von Zietsch nicht übereinstimmt, eine wiederholung
rechtfertigen.

H.

I. Vokale.

ae. a wechselt mit o vor n. v. 63 f.: Lamatan r. m.
man; v. 1489 f.: noman r. m. Limadau. [1]) — Es ist kein
beweisender reim belegt für ae. a vor n + cons. oder a
vor m.

ae. æ erscheint 1) als a. v. 13 f.: was r. m. Darras; v.
1053 f.: was r. m. cas; v. 1327 f.: was r. m. place; v.
599 f.: fast r. m. cast; v. 831 f.: fast r. m. kast; v. 1636 f.:
fast r. m. barst; v. 845 f.: mast r. m. arblast; v. 1097
f.: grasse r. m. place; v. 1281 f.: small r. m. orientall;
— 2) als e: v. 319 f.: was r. m. Ercules; v. 335 f.: was r.
m. Ercules; v. 677 f.: was r. m. Euluxes; v. 21 f., v. 1017 f.:
was r. m. Pelles; v. 1059 f., v. 1085 f., v. 1459 f., v. 1519 f.,
v. 1891 f.: was r. m. Achilles (in allen diesen fällen ist wes
zu lesen). — æ + g wird ay. v. 253 f.: day r. m. paye;
v. 297 f.: day r. m. nay; v. 521 f., v. 663 f.: day r. m.
Monelay; v. 913 f.: may r. m. Portuflay; v. 1235 f.: day r.
m. delaye.

ae. e ist zu i erhöht in: v. 1181 f.: hyng r. m. lesyng.
— e + g wird nach ausweis der reime nicht zu ei, sondern zu i. v. 175 f.: awey r. m. sory; v. 197 f.: away r. m.
by; v. 579 f.: awey r. m. lady; v. 617 f.: awey r. m. cry;
v. 803 f.: awey r. m. twenty. — ae. ongegn erscheint 1)
als ageyn. v. 67 f.: ageyn r. m. mayn; v. 827 f.: ayen (l. ayeyn)
r. m. gayn (vorteil); v. 1229 f.: ageyn r. m. mayn; 2) als agen.
v. 947 f.: ageynne (l. agen) r. m. þenue.

ae. ea vor ld wird o: v. 1503 f.: beholde r. m. goold;
— ea vor l, ll, wird a: v. 857 f.: walle r. m. spryngalle;
v. 3 f.: befalle r. m. alle; v. 1147 f.: falle (part. prät) r. m.

---

[1]) Doch ist auf diese gattung von reimen kein sonderliches gewicht
zu legen; vgl. Kölbing, Arthour and Merlin, p. XXIV*).

all. — ea vor r wird a: v. 267 f.: ward r. m. garde. — ea
+ h wird i in sye (ae. seah); v. 957 f. sey (l. sye) r. m. hye
(ae. hiȝe).

ae. o und u. Ueber o und u ist nichts zu bemerken;
o vor h, ht wird ou; belege sind überflüssig.

ae. y (i-umlaut von u) erscheint 1) als e. v. 143 f.: dynt
(l. dent) r. m. pament; v. 1011 f.: dynte (l. dent) r. m.
verement; v. 1291 f.: dynt (l. dent) r. m. fundament. — 2) als
i. v. 561 f.: fylle r. m. will; v. 1481 f.: kynde r. m. fynde.

ae. â mit der geltung â ist nicht belegt. — ae. â erscheint als ô. v. 99 f.: gone r. m. Lymadone; v. 169 f.: one
r. m. Isyon; v. 201 f.: none r. m. Ysyon; v. 453 f.: so r. m.
þerto; v. 517 f.: euerychon r. m. Ysyon.

ae. ǽ erscheint 1) als â: v. 1435 f.: last (ae. lǽstan) r.
m. cast. — 2) als e: v. 467 f.: drede r. m. spede; v. 615 f.,
v. 1227 f.: wede r. m. stede; v. 1317 f.: here (ae. hǽr) r. m.
weryer; v. 1769 f.: dede (ae. dǽd) r. m. spede; v. 1561 f.:
sete r. m. fete, v. 1029 f.: sett (ae. sǽton.) r. m. fete. —
Hierher gehört die gestaltung von ae. wǽron zu were. v.
1523 f.: were r. m. clere; v. 1731 f.: were r. m. bere. — ae. þǽr
erscheint als þere. v. 141 f.: þere r. m. bere; v. 1031 f.: þere
r. m. here (ae. hÿran); v. 1668 f.: þere r. m. pere; nichts
beweist v. 1403 f.: there r. m. soore.

ae. eó erscheint als o in ae. eode; v. 973 f., v. 1865 f.:
blode r. m. yode. — eo + g wird i. v. 217 f.: lye (ae. leógan)
r. m. synifye.

ae. eá + h wird i in v. 1251 f.: fleye (ae. fleáh) r. m.
a-wey (e + g wird in H zu i); vgl. v.1257. — Sonst wird
eá zu e: v. 403 f., v. 1391 f.: lees r. m. pees; v. 999 f.:
lees r. m. Palmydes; v. 1033 f.: les r. m. Tytes; v. 327 f.:
gyltles r. m. pees; v. 1263 f.: lees r. m. Achiles; v. 1099 f.:
les r. m. Achilles.

ae. ŷ (i-umlaut von u) hat 1) die geltung e: v. 1217 f.:
fyre (l. fêre) r. m. chere; — 2) die geltung i: v. 1429 f.:
pryde r. m. onrydde (unsicher). — 3) die geltung u: v. 1247 f.:
fyre (l. fure) r. m. insure; v. 1457 f.: fyre (l. fure) r. m. armour.

II. Flexion.

Die plurale der **substantiva** lauten aus: 1) auf n. v. 373 f.: foone. r. m. gone (inf.) — 2) auf s. Dies ist die regel; belege sind überflüssig. — Ueber plurale ohne n vgl. Zietsch, a. a. o. p. 47. — Der plural wird durch umlaut gebildet. v. 601 f.: men r. m. fenne; v. 1029 f., v. 1561 f.: fete r. m. sett.

Der **infinitiv** hat in der regel das schluss-n verloren; ausnahmen sind v. 923 f.: sayne (l. seue) r. m. bene; v. 1225 f.: leven r. m. sweuen. — gon als infin. ist 19 mal belegt, während go 11 mal gesichert ist.

Die **2. pers. sing. präs.** ist durch die reime nicht belegt. — Die **3. pers. sing. präs.** lautet 1) auf s aus. (v. 61 f.: dryves r. m. aryves (3. pers. plur.)); v. 101 f.: listis (ae. lystan) r. m. his; (v. 911 f.: he ascries r. m. hyes (3. pers. plur.). — 2) auf th: v. 1167 f.: goth (l. geth) r. m. deth; v. 1421 f.: goth r. m. wroth; v. 1531 f.: fleeth r. m. with. — Der **plur. präs.** lautet aus 1) auf s: v. 153 f.: fyghtes r. m. knyghtys; (v. 147 f.: þey dryves r. m. reves); (v. 911 f.: he ascries r. m. hyes (3. pers. plur.)); cf. v. 113 f.; v. 1465 f.: ye flees r. m. Achilles. — 2) auf th: v. 179 f.: gothe r. m. cloth; v. 493 f.: gothe r. m. clothe; v. 1911 f.: goth r. m. cloth; v. 1855 f.: sleth r. m. deth. — 3) auf en: (v. 861 f.: breken r. m. wrekyn (part. prät.)). — Das **part. präs.** v. 1461 f.: rydyng r. m. kyng; die nördliche form auf and kommt in H nicht vor. — Das **part. prät.** hat fast durchweg das schluss-n verloren; ausnahmen sind v. 785 f.: gon r. m. euerichon; (v. 861 f.: breken (3. plur. präs.) r. m. wrekyn). — Das **verbal-substantivum** ist belegt v. 1477 f.: kyng r. m. talkyng, und öfters. — Ueber das hülfsverbum ist Zietsch a. a. o. p. 62 zu vergleichen.

———

Wenn Bülbring die hs. H nach dem südosten von England versetzt, so ist dazu zu bemerken, dass, von belegen

im versinnern abgesehen, wenigstens das verhalten von ae.
y und ÿ in dieser beziehung nichts entscheidet. y erscheint
als e nur in dem worte dynt, sonst zweimal als i, ÿ gar als
u. Das verhalten von ae. â, das nur als o vorkommt, sowie die mehrfach gesicherten singular- und pluralformen des
präsens auf th, weisen nur auf den süden im allgemeinen
hin. Demnach würden wir die präsentischen endungen auf
s in th umzusetzen, resp. zu streichen haben; für fyghtes :
knyghtys (v. 153 f.) lässt sich fyghte : knyghte einsetzen,
für brekyn : wrekyn (v. 861 f.), breke : wreke; nur die reime
listis (sing.) : his und flees (plur.) : Achilles scheinen widerspruch gegen südliche abkunft zu erheben. Wir werden, was
die letztere form anlangt, an die einzelne plural-form des
präsens auf s, sles (r. m. pes), in dem sonst einem ausge-
sprochen südlichen dialekte angehörenden Sir Beues of Ham-
toun v. 849 f. erinnert, die gleichfalls noch nicht genügend
erklärt ist (vgl. Arthour and Merlin, p. LIX). Nach alle-
dem gestatten wenigstens die reime eine localisirung dieser
fassung in einer bestimmten landschaft des südens nicht.

L. .

I. Vokale.

ae. a wechselt mit o vor n, doch beachte man v. 73 f.:
man r. m. Leomadan; v. 783 f., v. 819 f., v. 973 f.: man r.
m. Agaman (vgl. H, anm.). — ae. a vor nd. v. 479 f.: gang-
and r. m. land. — a vor r. v. 1653 f.: dere (ae. daru) r.
m. spere.

ae. æ erscheint 1) als a: v. 21 f.: was r. m. Pelyas;
v. 319 f.: was r. m. tas; v. 465 f.: was r. m. pas; v. 511 f.,
v. 1199 f.: was r. m. cas; v. 697 f., v. 1011 f., v. 1117 f.:
faste r. m. caste; v. 1929 f.: faste r. m. alblastre. — 2) als
e: v. 13 f.: was (l. wes) r. m. Daries; v. 361 f.: was (l. wes)
r. m. Ercules; v. 381 f.: wes r. m. Ercules; v. 785 f.: wes
r. m. Daries; v. 1155 f.: was (l. wes) r. m. Pyles; v. 1557 f.:
was (l. wes) r. m. Achilles; v. 1943 f.: wes r. m. Achilles.
— æ + g wird ai, ay: v. 337 f.: day r. m. nay; v. 621 f.,

v. 1125 f., v. 1951 f.: day r. m. Menolay; v. 871 f.: mayn
r. m. Salamayn; v. 1257 f.: may r. m. Menolay; v. 1309 f.: day
r. m. pray; v. 1629 f.: may r. m. gay.

ae. e + g wird ay: v. 483 f.: play r. m. verray; v. 735 f.:
welaway r. m. Menolay; v. 1071 f.: way r. m. Prestolay;
reime auf i, wie in hs. H, finden sich nicht in L. — ae. ongegn giebt stets agayn. v. 77 f., v. 81 f., v. 705 f.: agayn r. m.
swayn: v. 91 f.: agayn r. m. layn (inf.); v. 1365 f.: aȝayn r. m.
mayn; v. 1723 f.: aȝeyn r. m. sweyn. — Als part. prät. von ae.
sleán erscheint slan. v. 777 f.: slayn (l. slan) r. m. tan (taken).

ae. ea vor ld wird 1) o. v. 269 f.: byholde r. m. scholde;
v. 943 f.: bold r. m. gold; — 2) a. v. 379 f.: bold (l. bald)
r. m. called. — ea vor l, ll wird a. v. 3 f.: alle r. m. byfalle;
v. 163 f., v. 1518 f.: alle r. m. falle; v. 485 f., v. 491 f., v.
503 f., v. 509 f.: al r. m. bal; v. 1019 f.: wal r. m. spryngal.

ae. y (i-umlaut von u). Es sind nur beispiele für die
geltung als i vorhanden. v. 177 f.: kyn r. m. yn; v. 1049 f.,
v. 1384 f.: luyte (resp. lyte) m. smyte; v. 1291 f., v. 1405 f.,
v. 1655 f.: dunt (l. dint) r. m. flynt.

ae. ā vor n erscheint 1) als â. v. 109 f.: gon (l. gan)
r. m. Leomadan; v. 167 f.: an r. m. Vsian: v. 435 f.: euerilkan r. m. ytan; v. 615 f.: euerichon (l. — an) r. m. Vsian;
(v. 1133 f.: euerilkan r. m. tan; v. 1229 f.: ilkan r. m. tan);
v. 1243 f.: go (l. ga) r. m. ta; v. 83 f.: baþe r. m. skaþe. —
Diese specifisch nördlichen formen stammen nicht, wie Zietsch
meint, von dem nördlichen schreiber dieser hs., da sie, wie
wir später sehen werden, von hs. S zum grössten teil bestätigt
werden, also schon in y gestanden haben. — ae. â erscheint
ausserdem häufig als â in nicht beweisenden reimen, z. b.
v. 443 f.: ma r. m. swa; v. 413 f.: mare r. m. fare. — ae. â
ist als 2) ô belegt. v. 989 f.: go r. m. do; v. 1803 f.: gon r.
m. foon; v. 1643 f.: anon r. m. son (ae. sôna.).

ae. ǽ ist belegt 1) als â. v. 1412 f.: (are (ae. ǽr) r. m.
mare); v. 1531 f.: laste r. m. kaste; v. 1887 f.: lasse r. m.
passe. — 2) als ê: v. 481 f., v. 725 f.: del r. m. wel; v. 651 f.:
ilkadel r. m. wel; v. 717 f.: wede r. m. stede; v. 911 f.:

lete r. m. Grete; v. 1167 f., v. 1287 f.: seet (ae. sǽton) r.
m. feet; v. 1763 f.: lede r. m. mede; v. 1799 f.: dede r. m.
spede. — ae ǽ in wǽre und wǽron erscheint 1) als â:
(v. 85 f.: ware r. m. sare; v. 1741 f.: ware r. m. bare).
— 2) als ê: v. 611 f.: were (ae. hȳran) r. m. here; v. 1571 f.:
were r. m. ʒeir. — 3) als o: v. 743 f.: sore r. m. weore. —
ae. ǽ in þǽr findet sich 1) als â: v. 43 f.: fare r. m. þare;
v. 1476 f.: þare r. m. spare. — 2) als ê: v. 1169 f.: þer r.
m. here (ae. hȳran); v. 1697 f.: þere r. m. pere.

ae. eo. Es ist eine eigentümlichkeit des schreibers
von L, das alte eo auch da graphisch zu reproduciren, wo
nach ausweis des reimes e gesprochen wurde. Das letztere
beweisen folgende reime: v. 461 f.: gleo r. m. plente; v. 477 f.:
treo r. m. me; v. 573 f.: þreo r. m. þe; v. 631 f.: freo r.
m. contre; v. 647 f.: seo r. m. the; v. 1157 f.: heo r. m.
see. — eo vor r wird e: v. 463 f.: deor r. m. ser; v. 541 f.:
ner r. m. per. — Zu erwähnen ist noch v. 489 f.: rede r.
m. ʒeode.

Ueber **ae. eá** ist für L und S nichts zu bemerken.
Wir finden in LS dieselben reime wie in H, abgesehen von
den ae + h reimen.

ae. ŷ (i-umlaut von û) ist belegt nur als i mit der
schreibung uy. v. 359 f.: pruyde r. m. ryden; v. 1529 f.:
pruyde r. m. tyde; v. 1372 f.: fuyre r. m. ire; v. 1541 f.:
fuyr r. m. atyr.

II. Flexion.

Der **plur.** des **subst.** lautet aus 1) auf n. v. 427 f.: fon
r. m. anon; v. 1803 f.: foon r. m. gon. — 2) auf s sehr
häufig, z. b. v. 1543 f.: Achilles r. m. kneos. — umgelautete
plurale. v. 253 f.: men r. m. slayn (l. slen); v. 1326 f.: menne
r. m. renne; v. 865 f.: teþ r. m. deþ; v. 1167 f., v. 1287 f.:
feet r. m. seet. — Plurale ohne endung. v. 471 f.: two myle
r. m. while; v. 841 f.: score r. m. ykore.

Der **infinitiv** steht in der regel ohne schluss-n; eine
ausnahme ist v. 91 f.: layn r. m. agayn. Ausserdem ist der

infin. gon 14 mal belegt, go 7 mal; don kommt 2 mal vor,
do dagegen 9 mal.

Die **2. pers. sing· präs.** ist im reime nicht belegt. — Die
3. pers. sing. präs. lautet aus 1) auf s: (v. 69 f.: dryues r. m.
aryueþ (3. pers. plur.)); v. 319 f.: tas r. m. was; (v. 1069 f.:
destruyes r. m. dryues); v. 1307 f.: gos r. m. fos; v. 1464 f.:
sees r. m. ys; — 2) auf th: v. 865 f: teþ: deþ (von dôn); v.
713 f.: geþ (gân) r. m. deþ (tod). — Die **3. pers. plur. präs.**
lautet aus 1) auf s: v. 1069 f.: destruyes (3. pers. sing.) r. m.
dryues (3. pers. plur.); v. 1931 f.: asayles r. m. mayles. —
2) auf þ: v. 601 f.: cloþ r. m. goþ; (v. 1023 f.: breken r. m.
awreken beweist nichts).

Das **part. präs.** ist gesichert auf and, v. 479 f.: gangand
r. m. land; wahrscheinlich ist, v. 131 f.: spekand r. m. lokand.
— Das n des **plur. prät.** ist nur im versinnern belegt; nichts
beweist v. 995 f.: slowen r. m. drowen, beide plur. prät. —
Das **part. prät.** mit der endung n: (v. 777 f.: tan r. m. slayn); v.
961 f.: ygon r. m. euerychon; v. 1061 f.: done r. m. bone;
v. 1229 f.: tan r. m. euerilkan; (v. 1406 f.: smyten r. m.
wyten (inf.)); v. 1817 f.: done r. m. sone; v. 1875 f.: un-
done r. m. sone; v. 253 f.: slayn (l. slen) r. m. men; (v. 439 f.:
torn r. m. forlorn; v. 1354 f.: born r. m. lorn; v. 1909 f.: born
r. m. forloren). — Neben don kommt nur einmal do vor,
v. 741 f.: ydo r. m. þo. Es ist zu bemerken, dass die zahl
der part. mit der endung n eine ziemlich grosse ist im verhältnis zu H. — **Verbal-subst..** v. 393 f.: targyng r. m.
kyng; v. 1311 f.: dremyng r. m. kyng.

Die tatsache, dass ae. â vor m und n als â häufiger belegt ist
als ô, spricht für den norden des mittellandes; y, ẏ (i-umlaut von
u, û) kommen nur als i vor. — Die 3. pers. sing. präs. ist 5 mal
mit s und 2 mal mit th belegt; die 3. pers. plur. präs. erscheint 1 mal mit der endung s und 1 mal mit der endung
th. Das schluss-n des part. prät. ist in dieser hs. 7 mal be-

zeugt, in H dagegen nur 1 mal; das part. präs. zeigt nur die form auf -and. Für den norden sprechen ferner die zusammengezogenen formen des verbums taken: ta, tan, tas (cf. flexion). Dem süden fremd ist fro: v. 1179 f. r. m. do; dem norden eigentümlich ist die präposition tille, v. 1408 f. r. m. wille; v. 1422 r. m. ille; v. 1283 r. m. helle (diese verse, von S bestätigt, finden sich nicht in H). Ein specifisch nordenglisches wort ist ser = several v. 463 f.. r. m. deor; eine schottische eigentümlichkeit ist die anfügung von i an vokale; vgl. v. 1571 f.: ʒeir r. m. were; v. 1477 f: neor r. m. ʒeir; v. 365 f.: heir r. m. messanger; v. 139 f.: wel r. m. steil; v. 97 f.: eynde r. m. schende.

Der character dieser redaktion ist also im wesentlichen der des Nordmittellandes, und zwar, wegen des mehrfach belegten s in der 3. pers. sing. präs., des westlichen. Sehr auffallend ist dem gegenüber freilich die mehrmals gesicherte endung þ in der 3. pers. sing. und plur. des präs., welche jedoch nur in dieser hs. sich findet und also wohl ausschliesslich dem schreiber desselben zur last fällt.

S.

I. Vokale.

ae. a vor n erscheint 1) als a. v. 961 f.: man r. m. Agaman; v. 1651 f.: man r. m. ran; — 2) als o: v. 77 f.: man r. m. Lamydon. — a vor nd. v. 487 f.: land r. m. goand; v. 1125 f.: hand r. m. leuand. — a vor r: v. 1629 f.: dere r. m. spere.

ae. æ erscheint 1) als a. v. 23 f.: was r. m. palaas; v. 473 f.: was r. m. pas; v. 519 f.: was r. m. cas; v. 795 f.: was r. m. Eufras; v. 1179 f.: was r. m. caas; v. 713 f., v. 997 f., v. 1101 f.: fast r. m. cast. — 2) als e. v. 15 f.: was r. m. Daryes; v. 367 f.: wes r. m. Ercules; v. 387 f.: was r. m. Ercules v. 1135 f.: was r. m. Piles; v. 1533 f.: was r. m. Achilles; v. 1909 f.: was r. m. Achilles; hier ist überall wes zu lesen. — æ + g wird ay. v. 641 f., v. 1107 f., v. 783 f.: day r. m. Menelay; v. 867 f.: mayn r. m. Salamayn; v. 1057 f.: may r. m. Pro-

stelay; v. 1241 f.: may r. m. Menelay; v. 1293 f.: daye
r. m. pray.

ae. e + g wird ay. v. 749 f.: away r. m. Menelay. —
ae. ongegn erscheint durchweg als agayn. v. 81 f., v. 85 f.,
v. 721 f., v. 1701 f.: agayn r. m. swayn; v. 1341 f., v. 1351 f.:
agayn r. m. mayn; v. 95 f.: aʒeyn r. m. leyn; v. 991 f.:
agayn r. m. layn.

ae. ea vor ld giebt a. v. 385 f.: bald r. m. cald. — ea vor
l, ll erscheint regelmässig als a. v. 3 f., v. 207 f., v. 727 f.,
v. 779 f.: alle r. m. falle; v. 1005 f.: walles r. m. spryng-
alles.

ae. y (i-umlaut von u) erscheint nur als i. v. 183 f.: kyn
r. m. yn; v. 1035 f.: lyte r. m. smyte; v. 1361 f.: alyte r. m.
smyte; v. 1275 f., v. 1381 f., v. 1631 f.: dynt r. m. flynt.

ae. â. Die zahl der nördlichen reime mit â ist geringer
als in L. Der schreiber änderte dieselben wahrscheinlich und
passte sie seinem dialekte an. — ae. â erscheint 1) als a. v.
1227 f.: ga r. m. ta (inf.); v. 419 f.: mare r. m. fare. Die nördliche vorlage verraten reime wie: v. 1211 f.: euerychoon r. m.
tan; v. 1389 f.: more r. m. are; v. 1413 f.: mane r. m. tane;
v. 1197 f.: anoon r. m. womman. — 2) als ô. v. 113 f.: goon r.
m. Lamydoune; v. 173 f.: oon r. m. Vsion; v. 879 f.: also r.
m. Malebo. — â vor r. v. 845 f.: more r. m. score.

ae. æ̂ findet sich 1) mit der geltung a. v. 1507 f.: last
r. m. cast. — 2) mit der geltung e. v. 591 f.: drede r. m.
spede; v. 733 f.: wede r. m. steede; v. 905 f.: lete r. m. Crete;
v. 1137 f.: see (ae. sæ̂) r. m. þee (pron.); v. 1147 f.: seete r. m.
feete; v. 1775 f.: dede r. m. spede; v. 489 f.: deel r. m. weel;
v. 671 f.: delle r. m. welle. — æ̂ in ae. þæ̂r ist belegt 1) als
â. v. 45 f.: þare r. m. fare; v. 1719 f.: þare r. m. bare. —
2) als ê. v. 1673 f.: þere r. m. pere.

ae. eo wird im auslaut zu e, ee, und wird nicht wie
in L eo geschrieben. — eo vor r wird ebenfalls e. v. 471 f.:
dere r. m. seere; v. 551 f.: nere r. m. pere.

ae. ŷ. Wir finden nur belege für die geltung i. v. 365 f.:
pride r. m. ryde; v. 1349 f.: fyre r. m. yre; v. 1505 f.: pryde

r. m. tyde; v. 1517 f.: fyre r. m. attyre; v. 1925 f.: pryde
r. m. side.

II. Flexion.

Subst. plur. auf u: v. 435 f., v 1779 f.: foon r. m. goon;
v. 649 f.: eyʒen r. m. seyn. — Plurale auf s bilden die regel,
v. 1291 f.: foos r. m. gos; v. 1519 f.: knees r. m. Achilles, etc.
— Umgelautete plurale. v. 259 f.: men r. m. brenne; v. 1147 f.:
feete r. m. seete. — Plurale ohne endung: v. 479 f.: two
myle r. m. while. — Der **infinitiv** erscheint in der regel
ohne n; mit der endung n kommen vor ausser don und gon,
v. 649 f.: seyn r. m. eyʒen; v. 991 f.: layn r. m. agayn; v.
1413 f.: tane r. m. mane. — gon ist 12 mal belegt, go 11 mal;
don kommt 1 mal vor, do 4 mal. — Die **3. pers. sing. präs.**
lautet aus 1) auf þ. v. 693 f.: goþ r. m. looþ; v. 1513 f.: seeþ
r. m. deeþ (tod); — 2) auf s. v. 1291 f.: gos r. m. foos. —
Die **3. pers. plur. präs.** lautet 1) auf þ: (v. 73 f.: dryuyth
(3. sing.) r. m· ryueth (3. plur.); v. 777 f.: maketh (3. plur.)
r. m. taketh (3. sing.)) — 2) auf s. (v. 1055 f.: discryues
(3. sing.) r. m. driues (3. plur.)). — **Part. präs..** v. 487 f.:
goand r. m. land; v. 1125 f.: leuand r. m. hand. — **Part.
prät..** mit n. v. 1211 f.: tan r. m. euerychoon; v. 1357 f.:
keene r. m. seene. — **Verbal-subst.** v. 399 f.: tarying r. m.
kyng; v. 1295 dremyng r. m. king; v. 1797 f.: begynnyng
r. m. king.

Was in bezug auf den dialekt für L gilt, das gilt auch
im allgemeinen für S, da beide auf y zurückgehen. Ein
schreiber aus einem südlichen dialektgebiet hat manchen nördlichen reim geändert, welcher uns in L noch erhalten war.
Trotzdem liegen genügend viel beweisende reime vor, um die
nördlichen reime der hs. L zu bestätigen und uns zu veranlassen, die vorlage für L und S als aus dem norden Eng-
lands stammend zu betrachten; y ist die nördliche version der
Seege of Troye.

Ueber den ursprünglichen dialekt des gedichtes selbst
lässt sich leider nichts genaues ermitteln. H und y weichen in
ihren reimen so sehr von einander ab, dass nicht éin reim
mit y, ẏ oder â zu constatiren ist, welchen alle hss. gemeinsam aufwiesen. Der reim für die 3. pers. plur. präs. goþ r.
m. cloþ, auf welchen Zietsch seine entscheidung für den süden
stützt, wird von S nicht bestätigt (s. o. p. 27).

Das resultat der dialekt-untersuchung können wir, ge-
stützt auf obige reime, also nur dahin formuliren, dass hs.
H eine südliche, y dagegen eine nördliche redaktion des Seege
of Troye repräsentirt.

IV. Zur metrik des gedichtes.

Ueber reim und versbau des gedichtes hat Zietsch a. a. o.
p. 75 ff. ausführlich gehandelt, und ich wüsste seinen darauf
bezüglichen erörterungen nichts wesentliches hinzuzufügen.
Nur was die alliteration betrifft, so hat mir mein vorgänger
ein stück arbeit übrig gelassen. Wenn er nämlich ausschliesslich die frage erörtert, auf welche hebungen im verse
die stabreime vorzugsweise fallen (p. 73.), und von diesem
gesichtspunkt aus die einzelnen fälle zusammenstellt, so kann
ich diesen einteilungsgrund als einen fruchtbaren nur in
sehr bedingter weise anerkennen. Ich hoffe also zu seiner
arbeit eine ergänzung zu liefern, wenn ich im folgenden eine
zusammenstellung der alliterirenden bindungen nach dem
von K. Regel (Germ. stud. I, p. 171 ff.) aufgestellten und von
Kölbing erweiterten schema vorlege (vgl. Ipomedon, in drei
englischen versionen. Herausgegeben von E. Kölbing, Breslau, 1889. p. CXVIII ff.). Eine aufzählung ähnlicher arbeiten
giebt Kölbing in seiner ausgabe von Byron's Siege of Corinth,
Berlin 1893, p. XLIII. Mit hülfe dieser sammlungen, die
schon ein recht erfreuliches contingent bilden, füge ich zu

den betreffenden formeln in der Seege of Tr. parallelstellen
aus anderen me. dichtungen, soweit ich auf solche ge-
stossen bin.

Die zu diesem zwecke verwerteten arbeiten sind folgende:
(Reg.) Regel: Die alliteration bei Laʒamon, Germanistische
studien, Bd. I, p. 171 ff. — (Fuhrm.) Fuhrmann: Die allit-
erierenden sprachformeln in Morris' Early English Allit-
erative Poems, etc. Kieler diss. Hamburg, 1886. — (Lindn.)
Lindner: Die alliteration bei Chaucer. Jahrbuch für rom.
und engl. sprache und litteratur. Neue folge. Band II.
Leipzig 1875. — (Mc. C.) C. F. Mc. Clumpha: The Alliter-
ation of Chaucer. Dissertation. Leipzig s. a. — (Höfer) Höfer:
Alliteration bei Gower. Diss. Leipzig-Reudnitz 1890. — •
(Tristr.): Sir Tristrem ed. Kölbing. Bd. II. Heilbronn 1882. —
(Amis) Amis and Amiloun. ed. Kölbing. Heilbronn 1884.
Bd. II der Altengl. bibl. — (Art. a. Merl.): Arthour and
Merlin ed. Kölbing. Leipzig 1890. Bd. IV der Altengl.
bibl. — (Torr.): Sir Torrent of Portyngale ed. Adam,
Early English Text Society. Extra Series. London 1887.
— (Lib. Desc.): Libeaus Desconus ed. Kaluza. Leipzig 1890.
Bd. V der Altengl. bibl. — (Chron.): Ueber eine versificirte
me. chronik etc. Von R. Sternberg. Diss. Breslau 1892. —
(Susan): Ueber Huchown's Pistil of swete Susan. Von G.
Brade. Diss. Breslau 1892.

Da die hss. H und L dem wortlaute nach am weitesten
auseinandergehen, so berücksichtigen wir zunächst die allit-
erationsformeln, die sich in diesen beiden hss. finden. Hs. S
stimmt im allgemeinen zu L.

H.

I. A. Wiederholung eines bedeutenderen wortes in derselben oder einer anderen form.

a) zweimal innerhalb desselben verses; v. 1635: *Alas,
he seyde, helples, alas* (Art. a. Merl. p. XXXIX). v. 946:
ffourti *dayes day* be *day* (cf. v. 1704). (Mc. C. p. 30; Susan
p. 29). v. 1017: *Half* hors *half* man his fader was. v. 1020:

Half fishe *half* women was she. v. 580: With *many a* knyht
and *many a* lady. v. 1185: *Many a* spere and *many a* sheld
(Art. a. Merl. p. XXXIX). v. 424: Thenne *seyd* Venus: þou
seyst well (cf. v. 421) v. 1869: Alas, quod he, *treson, treson.*
v. 1861: ffyve dayes *thorough* and *thorough.*

b) innerhalb zweier oder mehrerer verse; v. 588f. as
armes: arme; v. 778f. batayle; v. 1177f. begynnyth; v.
1198f. blode; v. 908f. brought; v. 1055ff. comyn; v. 1163f.
cryyng : cry; v. 1292f. dyed; v. 575f. eþer oder : ether other;
v. 1104f. etyn; v. 622f. faders : ffader; v. 1636f. fast; v.
1093f. geve; v. 662f. kyng; cf. 592; v. 100f. Magre : magreth;
v. 1183—85, v. 1187—95 many; v. 1462f. mette; v. 286f.
parlement; v. 1493f. rychely : ryche; v. 1498f. ryche : rycher;
v. 1606f. ryche; v. 281f. und v. 1558f. sone; v. 75f. sore;
v. 1790f. speketh; v. 1233f. sythyn; v. 54f. taketh; v.
372f. taketh : take; v. 1091f. token : tokyn; v. 1364f. told;
v. 1872f. treson; v. 1622f. tretour; v. 1491f. wan : wanne;
v. 1353f. woman; v. 1550 Awreke : v. 1552 wrekyn.

I. B. Alliterirende bindungen, in denen ein oder mehrere eigennamen vorkommen.

v. 1477: *A*chilles *a*nswerd to þe kyng; v. 1485: *A*chilles
*a*rmeth him aryght; v. 1551: *A*lisaunder *a*sked, moder how
etc.; v. 525: It was cleped *C*apharnoum; v. 380: And *g*oth
to *G*reke in *g*rete bost; v. 1133: The *G*rekys were *g*lad
euerichon; v. 316: And passeth the *g*rekeshe see þat is so
*g*rym; v. 466: Whanne thou wilt to *G*rece *g*one; v. 628: Of
*G*rece þe *g*rete lordyngys; v. 146: With a *l*aunce to *L*yma-
down; v. 1462: And *m*ette with *M*onaly þe kyng; v. 543:
Or *N*eptanabus that *n*obill clerke; v. 445: Therefore *P*arys
I *p*ray the; v. 250 The *T*own of *T*roye for to walle, v.
826: *T*roye þat is my ryche *t*own (Höfer p. 8); v. 841: All
abought *T*roye þe *t*rue.

II. A. Wörter desselben stammes werden durch alliteration gebunden.

v. 1650: His hert *bl*ode beganne to *bl*ede (Mc. C. p. 9,
Tristr. p. XLII; Ip. p. CXXI); And also many a *bl*ody syde,

And many les þe hert *blode*; v. 211 f.: That out of her
body sprong a *brond*, That *brent* Troye and all þe lond
(Reg. p. 178; Fuhrm. p. 11; Lindn. p. 330. Mc. C. p. 9;
Susan p. 29); v. 210: A mervelous *dreme* his moder *dre-
meth* (Mc. C. p. 11; Ip. p. v. CXXII); v. 1600: He *yaf* him *yef*tis
grete plente (Fuhrm. p. 12; Lindn. p. 330; Mc. C. p. 9; Höfer
p. 13; Tristr. p. XLII; Ip. p. CXXII, CL; Art. a. Merl. p.
XLIV; Susan. p. 30; Chron. p. 22); v. 1166: In my swevyn
I *sey* a *syght* (Reg. p. 183; Fuhrm. p. 15; Lindn. p. 330,
334; Mc. C. p. 10; Höfer p. 13; Tristr. p. XLII; Lib. Desc.
p. XLIX; Ip. p. CXXII; Susan p. 30); v. 1809 f.: These to
*tray*tours plyte her trouthe, To *tray*en her lord.

II. B. Stabreimende bindung solcher worte, welche in
begrifflichem oder grammatischem verhältnis zu einander
stehen.

a) Bindung concreter begriffe, welche innerhalb derselben lebensgebiete vorzukommen pflegen.

v. 232: *Beres* or *bolles* fyght togedere (Fuhrm. p. 18;
Mc. C. p. 11); v. 538: In this world bothe *blode* and *bone*
(Lindn. p. 331; Mc. C. p. 11; Höfer p. 14; Amis p. LXVIII.
Tristr. p. XLIII; Ip. p. CXXXI); v. 1647; The *blode* out of
his *body* gan swelle (Art. a. Merl. p. XLIV); v. 1416: Here
rode rede as *blosom* on the *brere* (Lib. Desc. p. LII); v. 28:
ffayre man of *body* and *bones*; v. 1090: So large of shappe,
body ne *bone*; v. 1555 f.: ffor as hard is his skynne and his
bone, As is *baleyn* to hewyn vppon; v. 1067 ff.: With swanys
and cranys and *betoris*, *Plover*, *partriche* and wyld *bores*,
With corlues and cormerant; v. 1505: The *feyre* onderneth
þe stedes *fete* aroos; v. 697: His *hede* was rede, his *her* also
(Fuhrm. p. 20); v. 1697: And many les þe *hede* in his jren
hatte; v. 1286: Bothe *helme* and *hede* af he smette, v. 1488:
The *helme* vppon þe *hede* is set (Reg. p. 188; Fuhrm. p. 20;
Ip. p. CXXIV; Art. a. Merl. p. XLIV); v. 677: þe best
knyght in his *kyndom* was; v. 284: And all his sones makes
lordis in þat *londe* (Fuhrm. p. 22; Höfer p. 14; Amis p.
LXVIII; Torr. p. VIII); v. 1255: In þe *sadell* þe *swerd*

with stode; v. 1075 f.: Of *t*rumpis, *t*abours and nakeres, Py-
pers *s*arsynneis and *s*ymbaleris (Lib. Desc. p. L).

b) Bindung abstracter begriffe, welche in gemeinsamen
lebenssphären zu einander in beziehung zu stehen pflegen.

v. 483: And *b*ad him *b*ere him stowtelyche; v. 831:
Cryyng and *b*lowyng and *b*ekeryng fast; v. 1740: Sir Aiax
*d*ied as he was *d*ight; v. 1413: He *d*rowpis and *d*ares nyght
and day; v. 1764: Litill *d*urst we *d*owt our enmys; v. 1465:
How *f*areth it, lord, that ye *f*lees; v. 217: Lyght adown in
*f*orme of *f*yre v. 931 f.: And, as *g*od gave hem *g*race (Lib.
Desc. p. L; Susan. p. 31); v. 1457: Of *g*rete hors and *g*ood armour; v. 29: Curteys, *h*ende, *h*ardy and bold, vgl. v. 57,
v. 715 f. (Art. a. Merl. p. XLV); v. 696: A *l*itill man and
a *l*eue jwis; v. 583: The *l*ove of here he takys be *l*yve, vgl. v.
1347; v. 1418: His sorow is *m*oche and vnmete; v. 621: There
whyle his men *r*obyn and *r*eves, vgl. v. 671 (Fuhrm. p. 32; Art.
a. Merl. p. XLVI); v. 1401: Of *r*obery and *r*avysheng my Quene;
v. 1525: They gunne to *r*endyn and *r*yve; v. 653: And hol-
deth a feste *r*yche and *r*yall (Fuhrm. p. 69; Susan p. 32);
581 f.: Alisaunder *s*eeth that she will goo, Soore he *s*eyeth
and his full woo; v. 987: And *t*ime of trewes was com to
ende; v. 370 f.: And *t*hanked moche his sonys will, And *t*hen-
keth he wull be good werrour; v. 1570 f.: That he in too
our temple *w*ende, And *w*edde thy suster with grete honour;
v. 1330: She *w*eped and *w*rong hir hondis on blode, v. 640:
She *w*epis and *w*ryngis euermore (Mc. C. p. 17, Susan p. 33).

c) Bindung abstracter begriffe mit concreten.

v. 666 f.: Here *b*eaute and her *f*ayrenesse, Here gentil
*b*ody, here lovesumnes; v. 1078: The kyngis *d*oughter the
*d*aunce ladde, vgl. v. 1106; v. 469: The fayrest *l*ady þat
bereth *l*yfe; v. 596: ffor Alisaunder hir *l*ordis *l*ove; v. 1073 f.:
An hundrid *m*ynstrelles in a rewe, Diuerse *m*elodye for to shewe;
v. 1815: And bad euery *m*an with his *m*yght; v.470: Thou shat
*w*ynne to be þy *w*yf; v. 1118: *W*enyst þow, sir, I were *w*oman.

d) Bindung gleichlautender worte, welche die innere
begriffliche ähnlichkeit mit einander verknüpft.

v. 264: Theryn mygbt seyle boþe *bote* and *barge*; v. 1046: Moche she cowd of *gle* and *game* (Amis p. LXVIII; Tristr. p. XLIII; Lib. Desc. p. LI; Art. a. Merl. p. XLVI; Chron. p. 21); v. 912: And þey hem *hasted* and *hyes*; v. 1124: To preve there my *mayn* and my *myght*, v. 67: And comondeth with *myght* and *mayn* (Mc. C. p. 14; Amis p. LXVIII; Lib. Desc. p. LI; Ip. p. CXXVII; Art. a. Merl. p. XLVI; Chron. p. 22); v. 943 f.: Padradodes body he *smote* atoo, And many a man he *slow* also; v. 1831: He was *stal*worth man and *strong* (Chron. p. 22); v. 1747: And we bene now *stiffe* and *stought*, vgl. v. 1767 (Lib. Desc. p. LI); v. 1179 f.: ffourty dayes þere þey fought, There togyder *strong* and *stought*; v. 664: *Syght* and *soroweth* nyght and day; v. 1626: He drow þe *swerd* and to hem *swapeth*; v. 527: Saue *Troye* *trusty* and *trewe* (Susan p. 33); v. 1374: The kyngis sones bothe *witti* and *wyse* (Reg. p. 210). Unter II. B. b) vgl. v. 621, v. 1525.

e) Bindung von worten, welche begriffliche gegensätze ausdrücken.

v. 1809: These to *traytours* plyte her *trouthe* (Amis p. LXVIII).

C. Alliterirende bindung von grammatisch zu einander in beziehung stehenden worten.

a) Substantiv und adjectiv in attributiver oder prädicativer verbindung.

v. 885: Sir Ector that *bold* *Baron* (Fuhrm. p. 71; Mc. C. p. 19; Tristr. p. XLIV; Ip. p. CXXIX); v. 1083: *Brode* *brest* and stought vysage; v. 953: He gynnyth to sle with *dilfull* *dynt*; v. 1168: He shall be slayne with *dolfull* *deth*; v. 1855 f.: All the nyght full fast they sleth, All that þey fownden with *dolfull* *deth*; v. 1012: He shall him slene with *dolfull* *dynte* (Fuhrm. p. 81: Tristr. p. XLIV); v. 257 f: Abought the walles he did make a grete *dyche*, Soo *depe* no where were hem lyche (Reg. p. 218; Fuhrm. p. 37; Mc. C. p. 19); v. 1771: Thenne answerd a *foule* *faytour*; v. 896: There dyed many a *frely* *food*, cf. v. 1448 (Amis p. XLIX);

v. 633: *G*old and *s*iluer *g*rete and *s*mall; v. 1893: In the
temple with *g*ret *g*yle; v. 1545: Myne *h*ole *h*erte woll to-
breke (Mc. C. p. 20; Höfer p. 19); v. 1428: Sir Troyel of
*m*oche *m*yght, v. 1496: And Perytotes of *m*oche *m*yght
(Fuhrm. 42, Mc. C. p. 21); v. 845: Drowen vp her botis
to the *m*yd *m*ast; v. 551: Dame Elyn þe Quene with *m*ylde
*m*ode (Amis p. LI; Ip. p. CXXX, CLI; Art. a. Merl. p.
XLVII; Chron. p. 22); v. 821: And *m*oche *m*agre com you
to; v. 287: And whanne þe *p*arlement *p*lenor is; v. 766:
*R*yche *r*elikis for þe nones; v. 1826: Of *r*eche *r*entis and of
rede gold; v. 615: He taketh her in her *w*orthy *w*ede (Amis
p. LII); v. 504: And answerd hem with *w*ordis *w*yse (Mc. C.
p. 23; Höfer p 21); v. 1187: There were many *w*ondis *w*yde
(Lindn. p. 333; Mc. C. p. 22; Lib. Desc. p. LIII); v. 1693:
And many a *w*ounde depe and *w*yde.

b) Zeitwort oder adjectiv binden sich mit dem adverbium
oder substantivum, welche ihre adverbielle nebenbestimmung
enthalten.

v. 1235: That *b*ettir *b*ar him sauncz delaye; v. 788: And
*c*ometh to Monaly þe *k*yng; v. 1440: Legges *c*utted by
the *k*ne; v. 1236: Thanne *d*ede Ectour that elke *d*ay; v.
866: Many man was to *d*eth *d*yght (Fuhrm. p. 45; Tristr.
p. XLIV; Lib. Desc. p. LIII; Art. a. Merl. p. XLVIII; Susan p.
36); v. 1769: Preve þat ye bene *d*oughty of *d*ede (Amis p. XLIX;
Lib. Desc. p. LIII; Ip. p.CXXX p. CXXXIII); v. 604: Many
grete lord he *d*rave a*d*own; v. 1453: He wold have *d*ryven to þe
*d*eth (Mc. C. p. 23); v. 509: We ne *d*well but a *d*ay or too; v.
1292: Syr Ector *d*yed of that *d*ynt; v. 1648: With *d*yntis he
gann amonge hem *d*ryve; v. 537: *ff*ayrer *f*ormed was neuer none;
v. 1208: That hors and man *f*elle in þe *f*elde (Lib. Desc.
p. LIII; Ip. p. CXXXIII; Art. a. Merl. p. XLVIII); v. 533:
Of tresour he *f*ellyd it *f*ull; v. 1755: Too *f*etche mette *f*erre
ne nere; v. 1309: Too *f*ett him hout of the *f*elde; v. 934:
*ff*ley quyteley in to þe *f*elde (Ip. p. CXXXIII; Art. a. Merl.
p. XLVIII); v. 897: Thus þey *f*owghtyn þen in *f*ere; v.
1522: Soo it is in *f*renshe *f*ownde (Lib. Desc. p. LIV); v.

464: Thou hast *f*ull *f*ayre honoured mee (Tristr. p. XLV);
v. 1636: With his *f*yst he leyd on *f*ast; v. 405: That
appul was with *g*old be*g*raue (Fuhrm. p. 47); v. 1523: *H*ard
þey *h*ewyn with swerdes clere; v. 1257: He smote Ector on
*h*ellme on *h*ye; v. 1632: Soo long he *h*euwe on *h*ellmes þoo
(Amis p. LXIX; Tristr. p. XLIV); v. 1502: And lepe to
*h*ors all in *h*ast; v. 359: The kyng thyngketh no *l*enger to
*l*ende; v. 1203: He *l*eyd abougth hym in *l*enght & brede;
v. 1342: And seyd, to *l*onge in me *l*ast lyf (Fuhrm. p. 49;
Mc. C. p. 24; Höfer p. 21; Chron. p. 21); v. 1880: Allas, he
seyde, to *l*ong I *l*yve (Fuhrm. p. 50; Mc. C. p. 24; Höfer p. 21);
v. 1334: That soo *l*owe is *l*eyd in þe ground; v. 1628: His felow
of his *l*yf was *l*yght; v. 183: And *m*ake *m*ery & sleu care,
vgl. v. 1818, v. 365: But be at hom and *m*eri *m*ake (Fuhrm.
p. 51); v. 92: And *m*eynten *m*anly our anour; v. 485 f: And
euermore with his *m*yght *M*eynten well his faders ryght;
v. 1493: The helme was *r*yght *r*ychely; v. 1244: That in
his *s*adell onnethis he *s*atte (Ip. p. CXXXV; Art. a. Merl.
p. XLIX); v. 1736: The speris hede *s*at in his *s*ide;
v. 830: To be*s*ege Troye on eueri *s*yde; v. 488: *S*eyland in
þe *s*e with ryal meyne (Reg. p. 227); v. 893: Grete *s*lauter
was made on eueri *s*yde; v. 1618: *S*mote hym in þe *s*oles
of his fete; v. 1439: There men myght *s*one *s*e; v. 582:
*S*oore he *s*eyeth and his full woo (Höfer p. 22; Susan p. 37);
v. 1250: Strokes on Acheldes *s*ore he *s*ette (Torr. p. IX);
v. 1527: Achelles *s*ore beganne to *s*merte (Lib. Desc. p.
LIV); v. 1306: *S*oroweth *s*ore, no wonder it is (Höfer p. 22);
v. 1166: In my *s*wevyn I *s*ey a syght; v. 972: The folke
þat on boþe *s*ydes *s*layn was; v. 648: And *w*edded her to his
*w*yfe (Mc. C. p. 29; Torr. p. X; Ip. p. CXXXVIII; Susan p. 38)·
v. 1844: *W*ille þou shalt Troye *w*ynne; v. 471: Therfore I have
*w*ill to *w*end; v. 64: He was a *w*onder *w*yse man (Mc. C. p. 26).

c) Substantiv und zeitwort sind im verhältnis von sub-
ject und prädicat mit einander verknüpft.

v. 392: And common hom as conquerour; v. 31: The *k*yng
*c*leped this Jasoun; v. 1467: A yong *k*nyght ther is jcome; v.

1342: And seyd to longe in me *last lyf* (Reg. p. 232;
Fuhrm. p. 60; Mc. C. p. 26; Höfer p. 23); v. 1366: That
his *lord* vppon him *lcyde*; v. 1398: Though þi *love* be on a
lady *lyght.*

d) Zeitwort und substantiv treten als prädicat und ob-
ject in alliterirende bindung.

v. 715: Noon hardier man *bereth bonys*; v. 1641: That
he *tobrake* eueri *bone* (Mc. C. p. 27; Lib. Desc. p. LV); v.
1696: And many a stede was *brokyn* the *bakke*; v. 48: And
clepeth his *carpenters* euerichon; v. 277: And dide him for
to be *kyng crouned* tho, vgl. v. 555 (Mc. C. p. 26; Tristr. p.
XLIII; Art. a. Merl. p. XLIV; Chron. p. 22); v. 1476: *Co-*
wardus bene we *cleped ffull* ryght; v. 1341: And often she
cleped herself *caytyf*; v. 597: Alisaunder the *game* did *begynne*;
v. 931: And as god *gave* hem *grace* (Fuhrm. p. 75; Mc. C. p. 28; Ip.
p. CXLI); v. 1445: Many an *haweberke* there was *tohewyn*;
v. 1537: Achilles *hunted* the *host* alle; v. 1808 f.: Therto
I *hold* vp my *hond* (Amis p. L, Torr. p. X); v. 1349:
A *knyght* anon he *cleped* him to; v. 1540: With grete care
she *ledeth* her *lyf* (Reg. p. 239; Fuhrm. p. 64; Lindn. p.
334; Mc. C. p. 28; Höfer p. 24; Ip. p. CXLI; Chron. p. 23);
v. 426: That god *leyd* euer *lyf* vppon, vgl. v. 452; v. 1272:
Sone þey gonne the *lives lete*; v. 1679: Though we shull
our *lyves lese* all (Reg. p. 239; Fuhrm. 64; Lindn. p. 334;
Höfer p. 24; Amis p. LXX; Art. a. Merl. p. L); v. 647:
and *lovcd* here as his *lyve*, vgl. v. 1162; v. 171: Whanne
her fader had *loryn* his *lyve*; v. 1414: Often he *menys*
þat lovesum *May*; v. 657: The more *myrthe* þat eche man
makes (Höfer p. 24; Art. a. Merl. p. L); v. 216: Howe
in her slepe *meved* was her *mode*; v. 916: The *shafte* it
shevered al in his hande (Mc. C. p. 26); v. 1544: Hath *slayne*
my *sones* þat were me soo leef; v. 1371: And namely that hadde
sleyn his *sone*; vgl. v. 162; v. 1144: May *stond* a *stroke* of
his hond, vgl. v. 888, v. 1474, (Mc. C. p. 28; Tristr. p. XLVI);
v. 769: Eluxies *take* this *tresour*, vgl. v. 773; v. 49: And
bad hem þat þey shuld *timber take* (Amis. p. LXX); v. 902;

*T*oke *t*ruce for to abyde, vgl. v. 983, v. 1301; v. 1816:
*W*achyn wele his *w*ard aryght; v. 684: That myght ony
*w*epyn *w*elde (Fuhrm. p. 66; Ip. p. CXLIII; Chron. p. 22);
v. 178: The wheche a*w*aked all þat *w*oo, v. 1353: ffor a
woman þis *w*oo was *w*aked (Amis p. LV; Susan. p. 38).
v. 1: Sithyn that god this *w*orlde *w*rought (Fuhrm. p. 67;
Lib. Desc. p. LVI); v. 255: They *w*rought þe *w*alles wonder hye.

Schwurformeln. v. 1323: It was grete dole, so *g*od
me *g*lade.

Das verbum 'sagen' wird mit vorliebe als reimwort
gebraucht: v. 270: Ayen ther will, *s*oth to *s*ay (Reg. p. 242;
Fuhrm. p. 52; Lindn. p. 334; Mc. C. p. 29; Höfer p. 24;
Ip. p. CXLIV); v. 839: The leste of hem, the *s*othe to *s*eye;
v. 923: That non man cowde þe *s*othe *s*ayne (Ip. p. CXLII);
vgl. ferner v. 219, v. 245, v. 991, v. 1791 und öfters.

L.

I. A. v. 6f.: bataile; v. 236f.: And bad heom say;
v. 1952f.: brouȝten hire; v. 275f.: child; v. 1398f.: curtel;
v. 1538f. flowe : flouȝ; v. 709f.: folk; v. 148f. togedre : to-
gedres; v. 522f. ȝef : ȝeue; v. 23f. hyȝeste : hyȝer v. 1116;
v. 788f.: kyng; v. 538f.: knyȝt; v. 18f.: latyn; v. 1431f.:
loste; v. 564f.: loue; v. 1332f. mete : mette; v. 1397f:
schar; v. 38f.: skyn; v. 476f.: slepte; v. 1439f: smot;
v. 1591f.: sone; v. 1733f.: spere; v. 964f.: telliþ; v. 62f.:
He tok wiþ him; v. 394f.: tolde; v. 303f. tour : toures;
v. 725f.: tresour; v. 1925f.: weopte : weope; v. 481f.: wiste;
v. 286f.: worche;

I. B. v. 1725: Mony of *Gr*ece he brouȝte to *gr*ounde;
v. 887: Sir *Th*olas of *Th*oly;

II. A. v. 1294: He *ar*mede him wel in *ar*mure bryȝt
(Art. a. Merl. p. XLIII); v. 219: And saide alas who haþ
*d*on þat *d*ede (Fuhrm. p. 12; Mc. C. p. 9; Höfer p. 13; Amis
p. LXVII; Torr. p. VIII; Lib. Desc. p. XLIXX; Ip. p. CXXI,
p. CL; Art. a. Merl. p. XLIII; Chron. p. 22); v. 487f. þer
on was in *lett*rure, *Lett*ers of seoluer ful fair scripture; v. 126f.

And at Troye conne þey *londe*, þey aryueden alle on *lond*; v. 123 f. And drowen *seyl*, þeo wynd was good, And *sail*eden oner þeo salte flod; v. 563: Alle wymmen þat þe *seon* wiþ *syȝt*; v. 547 f. Me þouȝte y was *strong* ynouȝ þo, What schold y wiþ more *streyn*þe do; v. 1844 f. þey token heore leue, þeose *tray*tours boo, And by*tray*eden heore lord, ay worþ heom wo; v. 288 f. þeo cite of Troye to by*walle*, And dude make þeo *walles* wondur hyȝ;

II. B. a) v. 1286: *B*ody and *b*lod, hed and croun; v. 267: Bote when þe child sawȝ fyȝte *b*ole or *b*or; v. 196: *B*orgeys and *b*acheleris of þat cite; v. 255 f.: And dude make þe child *c*loþis tyȝt, *C*urtel and tabard and hod al whyt; r. 258: To kepe swyn wiþ *st*af and *st*on; v. 1897: *S*uster and *s*one, modir and fadir; v. 761: Of *t*rompe *t*abour, harpe and crouþ.

II. B. b) v. 1058: *B*eden treowenes for to a*b*yde; v. 1537 f.: And wolde haue brouȝt heom til *d*ed, Bote þey flowe awey for *d*rede; v. 1961 f.: And when heom liked *d*welle nomore, þey *d*yȝten etc.; v. 1424 f.: Ector *f*lowȝ apon his stede, And Achilles *f*olewed good spede; v. 1342 f.: As a wod lyoun *f*erde he, þat hadde *f*ast dayes þreo, vgl. v. 1671 f ; v. 618: Bote ay þey *h*opeden to *h*aue heore wille; v. 475 f.: Y a*l*yȝte adoun apon þe grounde, And *l*ay and slepte a litel stounde; v. 1473: And þouȝte þeo faireste *m*ay on *m*olde; v. 703: Helmes *r*yuen and scheldis *r*appes; v. 1770 f.: Go we be*s*ege heom al abowte, We schole heom *s*lee at oure owne wille; v. 1566: Al þat he *s*myt he al to *s*lyttes; v. 1476 f.: He wolde haue *s*peke wiþ hire þare, Bote for hire freondis he dude *s*pare; v. 1769: We beon ynowe *st*yt and *st*owte; v. 340: þan bataile, slauȝter, *w*eorre & *w*o; v. 287 f.: And dude heom go to *w*orche alle, þeo cite of Troye to by*w*alle.

II. B. c) v. 536: *K*nyȝt ȝef me þeo bal for þy *c*ortesye; v. 583: þeo faireste *l*ady þat beoriþ *l*yf; v. 1813: And bidde him graunte *l*yme and *l*yf (Mc. C. p. 14); v. 1267: And is a *m*on of mukil *m*yȝt, cf. v. 798 (Lib. Desc. p. L.); v. 277 f.: The kyng, his fader, herde þe *s*awe, How his *s*one

was wys of lawe; v. 1648: And drawiþ his *sw*eord. to heom
he *sw*appes; v. 1482: þat for a *w*omman þis *w*eorre was *w*aked.
II. B. d) v. 461: We haden mukil *g*omen and *g*leo: v. 872:
Brouȝte his ost wiþ *m*yȝt and *m*ayn; vgl. v. 1364, 1374;
v. 759 f.: þer was ioye and *m*elodye, Of alle skynnes *m*ens-
tracye; v. 1795: Bote ȝe beon ynowe *st*alworþe and *st*oute;
v. 818: Of *st*ronge men and of *st*owte; v. 322: þet was
halden *w*ar and *w*is (Reg. p. 210; Lindn. p. 331; Mc.
C. p. 17; Höfer p. 17; Amis p. LXVIII; Tristr. p.
XLIII; Ip. p. CXXVIII; Art. a. Merlin p. XLVI; Chron.
p. 21/22); v. 262: In to a contray *w*aste and *w*ilde
(Reg. p. 209; Fuhrm. p. 33; Chron. p. 22); v. 1746: Heo
*w*eop for him and was ful *w*o; v. 566 f. Ladyes in boure &
*w*ynes in halle, Alle *w*ymmen shole etc..
II. B. e) v. 1910 f.: þoruȝ *t*reson arn we alle forloren;
Hade *t*reowþe beon amongis vs alle; vgl. 1915 f. (Amis p.
LXVIII; Art. a. Merl. p. XLVII).
II. C. a) v. 380: He was a *b*aroun swiþe *b*old; v. 944:
And called a *b*aroun þat was *b*old; v. 291 f.: þe cite he
closede wiþ a *d*ych, Non *d*euppere vndur heouene riche,
v. 298: þeo *d*ych scholde beo *d*eop and hard; v. 1589: Myn *h*ole
*h*erte wol berste on fyue; v. 804: A litel *m*ene *m*on he wes; v.
820: Was a wondur *m*ukil *m*an; v. 1960: And *m*ukil *m*urþe and
ioye þey make; (Fuhrm. p. 42); v. 210: þat was a mon of
*m*ukil *m*yȝte; v. 1503: So þat he make *p*erpetual *p*es; v. 1104:
ffor al his armure a *w*ounde *w*yde.
II. C. b) v. 1270: þat dar his strokes in *b*atail a*b*yde;
v. 1966: Comen wiþ *c*aroles and wiþ *p*rocessioun; v. 1028:
Mony þousand was to *d*eþe *d*yȝt; v. 1799: And kyþes
þat ȝe arn *d*ouȝty of *d*ede; v. 1310: Mak him *d*welle at
home to *d*ay; v. 1337: þat hed and helm *f*lauȝ in þe *f*eld,
vgl. v. 1377, v. 1562; v. 1546: þat þou ows *h*elpe and þat
in *h*y; v. 1390: Wiþ sweordes þey *h*eowen on *h*elmes clere;
v. 144: þis was þe *k*yngis comaundement; v. 727: *L*eyngore to
dwelle heom was *l*oþ; v. 1674: Of an hundred he no *l*afte
bote twenty on *l*yve; v. 494: And on þeo *l*ettres gon heo *l*oke;

v. 1521: And *l*yuede in *l*ouelongyng al þat day (Mc. C. p. 20);
v. 1833: þis ilke *n*yȝt þat comeþ *n*est; v. 1434: Ector to þeo
helme *r*od *r*yȝt (Lib. Desc. p. LIV; Art. a. Merl. p. XLIX); v. 1449:
*S*ende after folk on boþe *s*yde; v. 401: And *s*ende abowte
*s*wiþe anon; v. 1169: And *s*ethen he was *s*layn þer; v. 674:
And *s*ore *s*yked and was ful wo (Lindn. p. 334: Mc. C. p.
25; Amis p. LXVIII: Susan p. 37); v. 634: Herde *t*elle of
þat neowe *t*idyng, vgl. v. 1495, v. 1700 (Reg. p. 244); v. 393: And
*t*urnede agayn wiþoute *t*argyng; v. 1415: He *w*ax *w*od as any
lyoun (Amis p. LXIX; Ip. p. CXXXVII); v. 19: And out of latyn,
*w*el ich *w*ot (Fuhrm. p. 56; Mc. C. p. 25); v. 1240: þo him
liked *w*ondur *w*el (Mc. C. p. 26); v. 397: þeo kyng was þo
*w*ondur *w*roþ.

II. C. c) v. 1783: And *b*losmes *b*reken on vche a *b*oȝh;
v. 77: þeo *k*yng comaundede turne agayn; v. 1543: þe *k*yng
of Grece com to sir Achilles; v. 1201: *K*nyȝtis of Grece
comen hastely; v. 1532: Mony *k*nyȝt oþir doun *k*aste; v.
1660: Achilles defended him whiles his *l*if *l*aste (Höfer p. 23).

II. C. d) v. 141: And alle þat myȝte *b*eore *b*rand;
v. 1296: And wiþ þe kyng *b*atail a*b*ydes (Amis p.
XLIX; Tristr. XLVI); v. 1248: And stede good, my *b*ody
to *b*eore; v. 1573: And *b*uriede þe dede *b*odies good spede,
vgl. v. 1059 (Mc. C. p. 27; Chron. p. 22); v. 151: þer was
*c*rakid mony a *c*roun (Tristr. p. XLVI); v. 1182: þey no myȝte
no *d*amage *d*o him (Art. a. Merl. p. L); v. 1653: þey no myȝte
Achilles *d*o no *d*ere; v. 1582: To *f*ache more *f*olk on vche
side; v. 1718: þrytty þousand þer *l*afte heore *l*yf; v. 1432:
He *l*oste his *l*yf for þeo helmes sake; v. 347: And *s*enden
agayn þy *s*uster bryȝt; v. 1927: For care and *s*orwe þe
kyng *s*aw þat day; v. 1501: 'Sir, good is', heo saide, 'to
*s*tynte *s*tryf' (Lindn. p. 334; Ip. p. CXLII).

Lebenslauf.

Ich, Wilhelm Fick, sohn des pastors C. J. Hermann Fick und seiner ehefrau Henriette, geb. Langbein, evangelischer konfession, wurde am 6. Juli 1869 in Collinsville, Illinois, Nord-Amerika, geboren. Nachdem ich eine privatschule und die Rice Grammer School zu Boston, Massachusets, besucht hatte, trat ich im herbste des jahres 1881 in die Boston Latin School ein. Im herbste des jahres 1887 bezog ich die universität Harvard, wo ich ein jahr verblieb, um mich dann zur fortsetzung meiner studien nach Deutschland zu begeben. Ostern 1889 wurde ich an der universität Breslau immatriculiert, brachte das wintersemester 1890—91 in Berlin zu und kehrte zur vollendung meiner studien nach Breslau zurück. Ich hörte die vorlesungen der herren professoren und docenten: Bobertag. Fick, Koch, Kölbing, Lipps, Siebs, Vogt, Weber — in Breslau, Ebbinghaus, Gad, v. Giżycki, Lasson, Roediger, E. Schmidt, Weinhold, Zupitza — in Berlin. Mehrere semester nahm ich an den übungen des englischen, germanistischen und philosophischen seminars zu Breslau als ordentliches bez. als ausserordentliches mitglied teil.

Allen meinen lehrern bin ich für die vielfache förderung meiner studien zu grossem danke verpflichtet, ganz besonders aber herrn prof. dr. Kölbing, welcher mich zu vorliegender arbeit anregte, mir das von ihm gesammelte handschriftliche material freundlichst zur verfügung stellte und mich bei der abfassung bereitwilligst unterstützte. Miss Lucy Toulmin Smith, welche die güte hatte, eine handschrift an ort und stelle für mich einzusehen, spreche ich gleichfalls meinen besten dank aus.

Thesen.

1. Es ist Flathe und Werder zuzustimmen, wenn sie Banquo in Shakspeare's Macbeth als Macbeth's „mitschuldigen im gewissen" bezeichnen, nicht wie frühere kritiker als einen zu Macbeth im gegensatz stehenden, reinen charakter.

2. Wars of Alexander (ed. Skeat, Early English Text Society), v. 1002 f.:
   „Hatels of hegh age and auancet knyghtez,
   Barons and bachelers, þat bresyd wer in armys."
   ist *bresyd* nicht, wie Skeat es will (Gloss. Index p. 342), durch 'broken in, much experienced', zu übersetzen, sondern als 'durch waffenthaten erschöpft' aufzufassen.

3. Der uns überlieferte text des Roman de Troie von Benoît de St. More (ed. Joly, Paris 1870), kann nicht die quelle von Konrad's von Würzburg Trojanerkrieg gewesen sein.

4. Der ansicht von James (Harvard), das raumhafte sei ein ursprünglicher bestandteil einer jeden empfindung, ist beizustimmen.

5. Ein gefühl ist der bewusstseins-reflex von unbewussten associativen beziehungen.

www.ingramcontent.com/pod-product-compliance
Lightning Source LLC
Chambersburg PA
CBHW021559270326
41931CB00009B/1301